JN022717

アカデミック
スキルが学べる

Information Literacy

情報リテラシー
テキスト

[監修]
淺間 正通

[編著]
前野 博

[著]
山下 巖
中村 彩子
中嶋 隆裕

同友館

は し が き

　今回本書の刊行に際して振り返ってみるに、この「情報リテラシーテキスト」シリーズの第1版が刊行されてからすでに12年の年月が経過しました。デジタルの分野での変化は「ドッグイヤー」とたとえられますが、世界を取り巻く情勢もこの間に大きく変化してきました。

　人口一つとっても、世界人口は著者が小学生であった1970年頃は約37億人と教わりましたが、現在ではその倍を遥かに超える80億人となり、2050年には100億に近づくと予想されています。しかし、わが国の人口は2004年の12,758万人をピークにすでに頭打ちとなり、2030年ではそこから1千万人以上減少、さらに2050年には1億人を下回ることが予想されています。ほかにも先進国を中心に人口が減少し続けている国々が少なくありません。このように人口が減りゆく国と爆発的な人口増加がみられる国の間で人口動態の乖離が顕著になってきています。

　その結果、今後、食糧をはじめとした限られた資源の争奪、それを原因とした国境線をめぐる争い、持つ者と持たざるものの反目など、暗澹たる未来を予測する人たちもいます。現に、飽食や肥満がもたらす健康被害が問題になっている一方で、飢餓や資源不足に苦しむ人たちがいる事実が国々の枠を超えた深刻な問題となっています。また、20世紀後半の工業製品の大量生産や高度経済成長などに伴って、自然環境破壊や地球温暖化など、将来の人類の生存すら危惧されるような事態が見られるようになってきました。

　そのような世界の危機的状況にあって、国連はわれわれの住むこの世界、さらには地球環境をも変革するために「持続可能な開発のための2030アジェンダ」を発表し、その具体的ステップとして17の目標と169のターゲットから構成される「持続可能な開発目標（SDGs）」を掲げました。

　国連参加国はこれをただのお題目とするのではなく、各国が法制レベルで具体的な対策を講じて実践していく動きを見せています。その中で暮らすわれわれも、対岸の火事のように眺めているのはなく、自分たちができることから主体的に取り組んでいくことが求められています。

　ボランティアなどの地道な社会貢献へとつながる活動は、課題を自分のこととして主体的に捉えていくという観点から重要であることはいうまでもありません。加えて、今後ますます進化していくであろうAIやロボットなどをはじめとしたデジタル技術で多くの問題を解決していける可能性も考えられます。そのためにも、PCやインターネットを含むデジタル技術を人間が本来的に有する知恵を皆で出し合いながら有効かつ最大限に活用できるように、日頃から知識や意識を高め、継続的にさまざまな活用スキルを身につけていくことが大切です。

　本書を手にした皆さんもそのような意識と気概をもち、成長していかれることを願ってやみません。本書を用いた学修がわずかでもその一助となりましたら幸いです。

前野　博

演習ストーリー

　あなたが通う大学で所属するゼミナール（ゼミ）において「Education 2030」や「2025年の崖」「SDGs」など今後の世界状況に関わることがらについて学ぶうちに、自分でも実際に何か社会に役立つような活動を行いたいという思いが強くなりました。そこで、ゼミや学生会の友人たち、学外の知人たちを募って食品ロスの低減に貢献することを企図した「フードドライブ」プロジェクトを立ち上げ、活動を行うことにしました。

　まずは活動やその背景となる情報の収集や情報の整理・分析を行ったうえで、プロジェクトの参加者や協力者をさらに募るためのプレゼンテーションを企画することになりました。そこで、そのための提案書や資料を作成します。以上のようなテーマに沿った学修活動を通して、学修の進め方やレポート、論文の作成方法などについても学んでいきます。

演習の流れ

上記ストーリーに基づき、次の流れで演習を進めていきます。

第1章：パソコンの基本操作や文章入力、ファイル操作、オンライン・ディスカッション

⇩

第2章：Web メールを用いた電子メールの送受信、添付ファイル

⇩

第3章：WWW などを用いた調査、情報収集やデータの保存、情報の取り扱い

⇩

第4章：SDGs に関連した論説文を読んで、文章構造から考えた要約文の作成

⇩

第5章：調査した情報に基づいた提案書の文章作成

⇩

第6章：収集した情報の整理・分析

⇩

第7章：第5章の文章と第6章の分析結果を使用した提案書の完成

⇩

第8章：既出データを使用した提示資料の作成とプレゼンテーション

本書の活用方法について

　本書は、授業の中で標準テキストとして使用されることを念頭に編まれていますが、個人でも各々で情報活用スキルの向上に役立てられるという狙いも込められています。ただし、操作方法をただ指示されたままに追っていくのではなく、自分の定めた目標やテーマに沿ってどのように情報を調査し、データを集めていくのか、また集めた情報をいかに活用していくのか、などといった情報リテラシーや学修リテラシーを演習という実際の活動を通して体験していくことを重視しています。したがって、操作方法についての記述は最小限とし、主にポイントを簡潔に表した内容となっています。

　パソコンやソフトウェアの操作方法は時とともに変わっていくものであり、一つの操作方法を覚えても、また新しい操作を習得していく必要も出てくることでしょう。操作方法についてわからないことが出てきた場合、まずは自分で調べながら自ら試してみるということも、本書では情報リテラシーにおける重要な活動の一つであるという位置付けです。

　演習を進めていくうえでの具体的な流れとしては、まずは主に左ページに記されている内容にそって順を追って活動を進めていきます。その際に、主に右ページに記されている操作のポイントを確認しながら、演習を実施していきましょう。

　途中でキーワードや重要ポイント、ヒントなどが欄外に記されていますので、参考にしながら学習を進めます。特にキーワードについてわからないことばなどがある場合は、自ら調べるなどしながら理解を深めていくようにしましょう。

　各演習で使用するデータは、各章の中で必要に応じて入手可能な Web ページなどが紹介されていますが、一部のデータやサポート情報等は次の URL から入手することができます。

URL	https://www.dooyukan.co.jp/download/

　最初から本書を参照しながら全てのデータを自分で入力しても良いですが、限られた時間内で効率的な学習を進めるためにも、これらのデータをダウンロードしてご活用ください。

- -

本書欄外で使用されているアイコンの意味

🔑	キーワード	知っておいた方が良い概念やことばをピックアップしています。自ら調べるなどして、意味を理解しておきましょう。
✏	重要ポイント	操作等でおさえておくべきことがらなどを示しています。
💡	ヒント	知っていれば作業をより効率的に進められる操作や機能などを紹介しています。

第1章

ウォーミングアップ

　はじめに、この授業のテーマとなる「SDGs に根差したボランティア」の企画について話し合ったり、話し合った内容を確認・共有し合ったりするためにさまざまな方法を用いたコミュニケーションを実際に行ってみましょう。

　そのために、これからの演習で必要となるマウス操作をはじめとしたパソコンの基本的な操作方法についてもまず確認しておきます。ここでは、操作の手順を学ぶのみならず、なぜその操作が必要なのか、もっと効率的な操作方法はないか、などについても考えてみましょう。操作についての概念や必要性を理解しながら技術を身につけることで、さまざまな操作をより効率的に進められるようになります。

〈操作の流れ〉

1-1 基本操作の確認

マウスの基本操作
↓
ウィンドウの基本操作

1-2 プロジェクト・ディスカッション

ミーティングへのアクセス
↓
ディスカッション
↓
ミーティングからのログアウト

1-3 ディスカッションの記録

メモ帳の起動
↓
文章の入力と編集
↓
ファイルの保存
↓
メモ帳の終了

🔑 キーワード
Ctrl + クリック
Shift + クリック

1-1 基本操作の確認

　まず初めに、この授業を進めるうえでの基本となるマウスの操作方法を確認しておきましょう。また、マウスを使ったウィンドウの操作も確認します。

　マウス操作にはキーボードと併用して作業を効率化する方法もあります。

🔑 キーワード
スクロール
マウスホイール

◾ マウスの基本操作

図 1-1-1　基本的なマウス操作

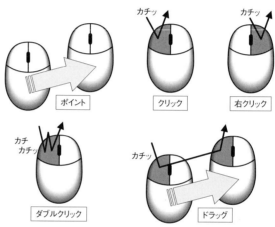

🔑 キーワード
スタートボタン
タスクバー
アクティブウィンドウ
デスクトップ

◾ ウィンドウの基本操作

図 1-1-2　基本的なマルチウィンドウ操作

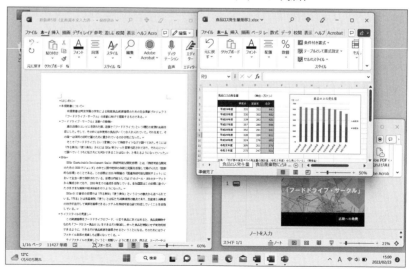

2

操作　1-1　基本操作の確認

■ マウスの基本操作

操作の名称	操作の概念
ポイント	選択、説明の表示
クリック	選択の決定
右クリック	コンテキストメニューの表示
ダブルクリック	ファイルを開く アプリケーションソフトウェアを開く
ドラッグ	範囲選択、移動
Ctrl ＋クリック	複数選択（任意選択）
Shift ＋クリック	複数選択（範囲選択）

■ ウィンドウの基本操作

操作の目的	アイコン	操作の概要
最小化	－	「最小化」ボタンをクリック
元に戻す	❐	「元に戻す」ボタンをクリック
最大化	□	「最大化」ボタンをクリック
閉じる	×	「閉じる」ボタンをクリック
最小化の復元		タスクバーのアプリアイコンをクリック
アクティブ切替え		手前に置きたいウィンドウをクリック
移動		タイトルバーをポイントしてドラッグ
サイズ変更		ウィンドウの境界線をポイントしてドラッグ

※マウスポインタの形が変わったことを確認してから慎重に操作しましょう。

■ ソフトウェアの種類

OS （オペレーティングシステム）	基本となるソフトウェアです。 代表的なものに「Windows」や「MacOS」などがあります。
アプリケーションソフトウェア	略して「アプリ」「ソフト」と呼ぶことがあります。「メモ帳」「Webブラウザ」など、目的に応じて作成されたソフトウェアのことです。

⇨マウスやキーボード、タッチパネル等を「入力装置」といい、マウスは「ポインティングデバイス」の一種です。

⇨コンテキストメニューは、ショートカットメニューともいい、関連するもののみ表示されるので効率的な操作が可能です。

⇨ドラッグ操作で移動させることを「ドラッグ＆ドロップ」ともいいます。

⇨最も手前にあるウィンドウを「アクティブウインドウ」と呼び、操作の対象になることを「アクティブ」といいます。

⇨タイトルバーをポイントすると、マウスポインタが ⇖ に変わります。

⇨ウィンドウの境界線をポイントすると、マウスポインタが両側を向いた矢印の形に変わります。

⇨スマートフォンのOS は「Android」や「iOS」などがあります。

1-2 プロジェクト・ディスカッション

プロジェクトのテーマについて話し合ってみましょう。

▣ 私たちの生活と環境そして私たちにできることとは？

これから私たちが暮らしていく環境がどのような状況にあるのか。また、今後どのようになっていくと考えられるのか。それらの観点から、環境問題や自然保護問題について連想されるキーワードをグループで出し合ってみましょう。また、あがったキーワードは黒板などに書き出して、皆で共有しましょう。

▣ あがったキーワードについて話し合おう

グループであがったキーワードについて話し合ってみましょう。

ここでは、話し合いに Zoom を使用します。ミーティングに参加するには、あらかじめ用意された Zoom ミーティングの情報を用いてミーティングにアクセスします。

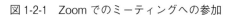

図 1-2-1　Zoom でのミーティングへの参加

1-3 ディスカッションの記録（メモ帳を使用した文章の作成）

話し合った内容は、あとから確認できるように記録しておきましょう。書式などの設定を省いてとりあえずメモをするときなどには、「テキストエディタ」の使用が適しています。ここでは「メモ帳」を使用します。

操作 1-2 プロジェクト・ディスカッション

■ Zoom の準備とアクセス

1. Zoom を起動するとサインイン画面が表示されます。

Zoom のサインイン画面

2. 登録したメールアドレスとパスワードを入力してサインインします。ホーム画面が表示されたら、ホストとしてミーティングを主催する場合は①「**新規ミーティング**」、参加の場合は ②「**参加**」をクリックします。

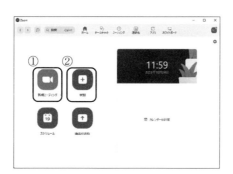

Zoom のホーム画面

3. ホストからメールで届いた「**Zoom URL**」からアクセスする方法が一般的ですが、「**ミーティング ID**」「**パスコード**」を入力する場合もあります。

ミーティングに参加するためのサインイン画面

■ 会議の終了 ほか

ホストが会議を終了するときは［**終了**］ボタン、参加者が退室するときは［**ミーティングを退出**］をクリックします。

⇨Zoom のアイコン

⇨ミーティングを実施するホストではなく、参加するだけなら Zoom 起動時のサインインは必須ではありません。

⇨歯車アイコン🔧から、背景の設定や音声の確認などが設定できます。（入室後も設定可能です）

⇨ホストになる場合は、参加者全員に招待のコードを前もって送っておきます。

⇨［ミーティングに参加］をクリックして、「待機室」が設定されている場合は、ホストが許可するまで待機室の画面でミーティングの開始を待ちます。

■ メモ帳の起動

メモ帳を起動し、話し合った内容を箇条書きでまとめましょう。

図 1-3-1　メモ帳を使用したディスカッション記録の例

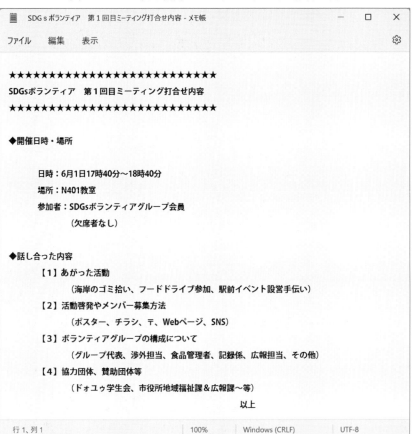

■「名前を付けて保存」でファイルを保存

ファイルを保存する際には、次の3つの項目を必ず確認しておきます。

・ファイル名
・ファイルの保存場所
・ファイルの種類

■ アプリケーション（メモ帳）の終了

ファイルを正しく保存したことを確認したうえで、メモ帳を終了します。

操作 1-3 ディスカッションの記録

■ メモ帳の操作と文字入力

　Zoom でのチャットは、テキストファイルとして保存されます。

　テキストファイルは Windows 標準の「**メモ帳**」アプリでも作成できます。

● メモ帳の起動と終了

　メモ帳の起動は、■［**スタート**］ボタンをクリックして「スタートメニュー」から選択するか、登録されているアイコンをダブルクリックします。

⇨メモ帳アイコン

⇨アプリ検索から「メモ帳」をキーワード検索することもできます。

● 日本語入力システム IME、文字入力

　メモ帳を起動すると、入力モードが「半角英数」の状態なので、日本語を入力する場合は半角/全角キーで切り替えます。

　画面右下（タスクバーの右の部分をタスクトレイといい、それぞれのアイコンをインジケーターといいます）の A が あ に変わります。日本語入力システム IME の言語バーでは、入力システムの設定などができます。

⇨言語バーが非表示の場合は、A を右クリックして、「IME ツールバー（オフ）」を選択します。
バージョンによって表記が異なります。

IME2021 ツールバー

I あ ⬚ ⬚ かな 🔧

● 文書編集（移動・コピー）

　文書を効率よく入力するためには、「コピー＆ペースト」などの機能を利用すると良いでしょう。複数の操作方法を以下に示します。状況に応じて使い分けると良いでしょう。

A）メニューバーによる操作

　コピーする文字列を選択→メニューバー［**編集**］→［**コピー**］を選択

⇨ウィンドウ上部のタイトルバーの下の部分を「メニューバー」と呼びます。

B）右クリックによる操作

　コピーする文字列を選択→右クリック→［**コピー**］を選択

C）キーボード・ショートカット（ショートカットキー）による操作

　コピーする文字列を選択→キーボードの Ctrl + C を押す

　文字列を移動したいときは A 〜 C と同様に「切り取り」します。

　「コピー」や「切り取り」をしたら A 〜 C と同様に「貼り付け」を行います。

⇨「切り取り」のショートカットキーは Ctrl + X です。

⇨「貼り付け」のショートカットキーは Ctrl + V です。

⇨アプリケーションによっては、元に戻すボタンがあるものもあります（Wordなどの元に戻すボタン：ᔢ）。

⇨フォルダの構造を「ディレクトリ」といいます。

⇨エクスプローラーアイコン

⇨フォルダをダブルクリックするとフォルダのウィンドウが開きます。

⇨ファイルが選択されている状態で、もう一度ファイル名（フォルダ名）をクリックしても入力状態になります。

⇨F2キーを押しても入力状態になります。

⇨コピー先のファイルはあらかじめ保存して閉じておきます。

※選択した文字列をドラッグ＆ドロップしても「移動」ができます。「コピー」するときは、Ctrlを押しながらドラッグします。

● 文書編集（元に戻す）

間違った操作をして、前の状態に戻すことを「元に戻す」といいます。メモ帳では、[編集]−[元に戻す]で戻ります。

Ctrl + Zは、ファイル操作でも使えます。

■ ファイルとフォルダの管理

ファイルの2次利用やフォルダを使ったファイルの整理は、作業効率の向上につながります。

● フォルダの作成

1. タスクバーからエクスプローラーアイコンをクリックして目的のフォルダを探し、そのウィンドウを開きます。

2. ウィンドウ左側のナビゲーションウィンドウから該当ウィンドウに切り替えます。

3. ウィンドウ内で右クリック→[新規作成]→[フォルダ]を選択します。

※フォルダが作成され、フォルダ名が変更できる状態になります。

4. フォルダの名前（フォルダ名）を入力してEnter

● ファイルとフォルダの名前の変更

1. 変更したいフォルダやファイルを右クリック→[名前の変更]

2. フォルダ名あるいはファイル名を入力してEnter

● ファイルの移動・コピー

1. 移動元ファイルのアイコンを右クリック→[切り取り]
   コピーの場合は、右クリック→[コピー]

2. 移動先のフォルダを開くか、フォルダの上で右クリック→[貼り付け]

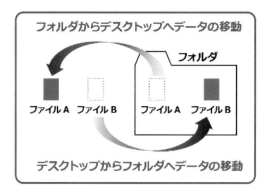

フォルダからデスクトップへデータの移動

フォルダ

ファイルA　ファイルB　　ファイルA　ファイルB

デスクトップからフォルダへデータの移動

ファイルの移動の例

● ファイルの削除

　以下のいずれかの方法で削除できます。

A）ファイルを選択して Delete キーを押す

B）ファイル（アイコン）をデスクトップ上の「ゴミ箱」アイコンにドラッグ＆ドロップ

C）ファイルを右クリック→［削除］またはゴミ箱アイコンをクリック

● ごみ箱＆空にする

　いったん削除したファイル（フォルダも同様）は「ゴミ箱」に入ります。

　それだけではまだ完全に削除されていないので、復元も可能です。

　ゴミ箱に残っているファイルは、［ゴミ箱を空にする］を選択することで完全に削除できます。完全に削除した後は、復元できないので、慎重に操作しましょう。

● USB メモリの利用

　ファイルを作成したパソコンから別のパソコンにコピーしたいときやパソコンに保存されたファイルのバックアップを取る場合などには、USB メモリ（USB ドライブとも呼ぶ）を前述の「ファイルの移動・コピー」の方法でファイルのコピーをするとよいでしょう。

1．パソコンの USB ポートに、穴の向きに注意して USBメモリの端子を差し込みます。

2．フォルダのウィンドウが自動的に表示されたら、ファイルの場所に切り替えます（表示されない場合は、**エクスプローラー**から開く）。

3．パソコンと USB ドライブの間で「ファイルの移動・コピー」を行う。

4．コピーや移動が終わったら、タスクトレイにある USB メモリのアイコンを右クリック→［〜の取り出し］をクリックしてから抜き取りましょう。

⇨移動元ファイルのあるフォルダと移動先のフォルダのウィンドウを2つ同時に表示させておくと、ドラッグ＆ドロップでも移動できます。Ctrl キーを押しながら操作するとコピーになります。別のドライブ間ではドラッグするだけでもはコピーになります。

⇨デスクトップ上のゴミ箱アイコン

⇨USB メモリの正式名称は「USB フラッシュメモリ」で、USB というのは、本来インタフェイス（接続するシステム）の名称です。

⇨USB メモリの表示は「リムーバブルディスク」やメーカー名などになっていることもあります。

⇨使用環境によっては、「クイック取り外し」によって取り外しの手順が簡略化される場合があります。ただし、読み込みや書き込みの途中（ランプが点滅）で取り外すとファイルやハードウェアが破損する場合があります。

コラム：Zoom のより有効な活用法 ①

❏ Zoom での音声や画面のミュートと再開

会議の状況に応じて、以下の設定を行うことができます。

① ② ③

Zoom 会議開始後のメニューバー

1. 周囲が騒がしいなど、自分側の音声を聞かせたくない場合は、① [**ミュート**] をクリックしてマイク入力を一時的に停止する設定にします。

ミュートの状態から発言できる設定に切り替える場合は、同じ場所の① [**ミュート解除**] をクリックします。

2. 一時的に退席するなどして自身の様子等を参加者に見せたくない場合は、② [**ビデオの停止**] で表示を消すことができます。

逆に表示させる場合は、同じ場所の② [**ビデオの開始**] をクリックします。

・メニューの左にミュートボタンがなく、「オーディオに接続」の表示の場合は、音声設定がされていないので、あらかじめ音声設定をしておきましょう。

・各アイコン右隣の ▲ をクリックすると設定画面が表示されます。状況に応じて会議開始後でも設定ができます。

━━ コラム：Zoom のより有効な活用法 ② ━━

❏ **画面の共有ほか**

　ホスト、参加者ともに、自分のパソコンの画面を共有して、ファイルの内容や操作の様子を参加者全員に確認してもらえます。

　前ページメニューバーの③［**画面の共有**］をクリックすると、どの画面を共有するか選択できます。

　ホスト、参加者ともに、自分のパソコンの画面を共有して、ファイルの内容や操作の様子を参加者全員に確認してもらえます。

【以下の画面共有が可能です（2022 年 12 月現在）。】

・画面（複数のディスプレイの場合は、それぞれの画面）

・開いているファイルの画面

・ホワイトボード（自由に文字や絵が描ける画面）

・スマホ・タブレット等の画面（追加プラグインソフト必要）

　ほかにも以下のような機能があります。

・「チャット」機能で、ファイルを共有したり、文字でメッセージの入力送信ができたりします。参加者全員あて以外に、参加中の特定の個人あてにも送信ができます。

・「参加者」で会議参加中の人を一覧表示できる機能があります。

　ホストはここで、参加者の表示名を変更したり、参加者を強制的にミュートしたりできます。

　招待リンクもここで作成できます。

・「レコーディング」で、会議の様子を参加者ごとの音声・全員の音声・画面共有を含めた動画などとして録音・録画できます。

コラム：オンライン・コミュニケーションでの配慮

　2019 年末頃から始まった新型コロナ禍により、私たちの学修や仕事の仕方も大きく様変わりしました。オンライン授業やリモートワークなど、WEB 上でコミュニケーションを図る方法が一般化してきました。このような双方向型オンライン・コミュニケーションが今や標準的な情報交換手段となりつつありますが、オンライン・コミュニケーションには、face-to-face のコミュニケーションとは異なった特性があり、相応のマナーも求められているように思われます。そこで、オンライン・コミュニケーションを円滑に行うためのマナーやエチケットに関する 3 つのことがらをここでは取り上げてみます。

1）リアクションは「音声＋身体」で

　リアルな場では相手の発言へのリアクションは、通常「ウンウン」と頷くだけでこと足りる場合がなくもないですが、PC スクリーン上では頷いているかどうかがわかりにくいことは往々にしてあり、また、日本人の場合、頷きが Yes を表しているのか No を表しているかが明確でない場合もあります。そのため、こうした不明確さを補完するために、声を出しながら明確に意思を示した方が良いでしょう。スクリーンで見えるのは上半身のみ、ということが多いので、大きめの仕草を示す方がより効果的です。

2）カメラは必ずオンに

　リアルな場でのコミュニケーションでは、私たちは互いの反応を読み取るために視覚に多くを頼っています。特に顔の表情は、感情や意図を表しており、時に重要な社会的信号ともなっています。したがって、相手の反応が見えないことは話し手にとっては不安要因となります。できるだけ顔を出して互いに良い関係を築くことが円滑なコミュニケーション実現への第一歩となります。

3）話すテンポを遅くする

　オンラインミーティング参加者の通信環境がすべて同等とは限りません。そのための通信の乱れや音声の遅延、対面環境と同じペースでのやり取りで相手との発話が被るなども起こりがちです。オンラインでは慌てずに一呼吸おいてから話し始めるとよいでしょう。また滑舌などを意識してゆっくりと話すようにしましょう。

第**2**章

電子メールの利用

　前章では「SDGs に根差したボランティア」の企画についての話し合いなどをリアルタイムに行いました。さらに本章では、企画に関するコミュニケーションを電子メールサービスの Gmail を利用して行います。電子メールは SNS（Social Networking Service）が一般化した現在でもビジネスなどさまざまな分野で標準的なコミュニケーションツールとして広く活用されています。

　ここでは操作などの技術のみならず、利用する際のマナーや利便性をさらに向上させる活用法などについても学びましょう。

〈操作の流れ〉

2-1 電子メールの送受信

Web メール（Gmail）を開く
↓
新規メッセージの作成と入力
↓
メッセージの送信
↓
受信したメッセージの確認
↓
メッセージの削除

2-2 ファイルをメールで送る

メッセージの作成
↓
ファイルの添付
↓
ファイル添付したメールの送信

キーワード
電子メール
メーラー

キーワード
メールサーバ
送信サーバ
受信サーバ

2-1 メッセージの送受信

　メールサービスの Gmail を用いてメッセージを送受信し、「電子メール」を介したコミュニケーションを行います。

■ Web メール（Gmail）を開く

　まず、Web ブラウザまたは G-mail アプリを起動し、G-mail を開きます。

図 2-1-1　Gmail メイン画面（受信トレイ）

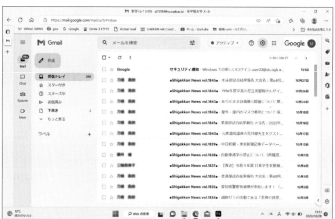

■ 新規メッセージの作成

　新規メッセージ（メール）を作成します。ここではディスカッションを記録した議事要録のファイルを添付して送信する内容のメッセージを入力します。（「コラム：メールのマナー」参照）

図 2-1-2　メッセージの入力例

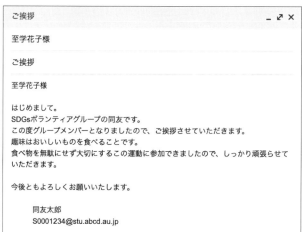

操作 2-1 メッセージの作成と送受信

■ メールの種類

　パソコンや携帯端末で利用するメールを e メールと呼びますが、現在は「メール」といえばインターネットを介したメール全般を指すことが一般的です。

　以前は、メールをダウンロードする形式が主流だったことから、Web 上で取り扱うメールを「Web メール」と区別するようになりましたが、現在では多くのメールが Web メールの形式で送受信されています。

　ここでは Web メールのひとつの「Gmail」を使ってメールのやり取りを行います。

⇨ 携帯端末の Web ブラウザで扱うメールも Web メールです。

※ Gmail は Google LLS の提供するサービスおよび商標です。

■ Web メール（Gmail）を開く

1. デスクトップに配置された Gmail のアイコンをダブルクリック、または Web ブラウザをまず起動したのちに Gmail の Web サイトを開きます。
2. ログイン画面で、メールアドレスとパスワードを入力します。

⇨ Gmail のアイコン
Ｍ

⇨ Google 検索サイトの画面右上にある［Gmail］ボタンをクリックして Gmail を開くこともできます。

※ Web 上のサービスを使用する際に入力するメールアドレスや ID、パスワードなどを「アカウント情報」と呼びます。

Gmail のログイン画面

■ 宛先（メールアドレス）と件名（タイトル）の入力

1.［作成］ボタンをクリックし「新規メッセージ」ウィンドウを表示します。

⇨「新規メッセージ」ウィンドウの［宛先］をクリックすると、アドレス帳に登録された人のアドレス一覧が表示されます。

［作成］ボタン

「新規メッセージ」ウィンドウ

■ メッセージの送信

作成したメッセージのメールアドレス、件名、本文の内容などを再度確認したうえで、メッセージを送信します。

■ 届いたメッセージの確認

「受信トレイ」から受信メールの一覧を表示し、確認したいメッセージを選択して開きます。（図2-1-1 参照）

2-2　ファイルをメールで送る ══════

前章で行ったディスカッションの内容を記録したメモ（議事要録）をメンバーに送って共有しましょう。ファイルをメールで送るためには「ファイル添付」機能を用います。

■ あらためて新規メッセージを作成

Gmailで新規メッセージを作成します。送信先のメールアドレスや件名とともにファイルを添付して送る内容のメッセージを入力します。

図2-2-1　ファイル添付メッセージの入力例

SDGsボランティア　第1回目ミーティング議事要録について　　　　　_ ↗ ✕

宛先

SDGsボランティア　第1回目ミーティング議事要録について

SDGsボランティア会員の皆様

こんにちは。
いつも本プロジェクトにお力添えくださり、ありがとうございます。
プロジェクトリーダーの同友太郎です。

先日6月1日に実施した第1回目ミーティングの議事要録を添付ファイルとしてお送りさせていただきます。
今回のミーティングでは、参加者の方々からさまざまなご意見やアイデアを出していただき、大変有意義な会合となりました。
ありがとうございました。
次は、いくつかあがった活動の中から、いずれの活動が最も現実的かつ有効な社会貢献へ結びつくかを判断し、絞っていきたいと思います。
近日中にお集まりいただき、その後、具体的な活動への提案書の形でメンバーの皆様に提示させていただきます。

それでは、今後ともよろしくお願いいたします。

同友太郎
s0001234@stu.abcd.ac.jp

2．「件名」欄にメールの内容がわかる具体的なタイトルを入力します。

3．「件名」の下の広い枠内にメッセージ本文を入力します。

■ メッセージの送信

　以下の事項をじゅうぶんに確認したのち、「新規メッセージ」ウィンドウ下部左の［送信］をクリックしてメールを送信します。

・宛先が間違っていないか

・件名や本文に、誤字脱字や受け手にとって失礼な表現がないか

新規メッセージウィンドウの下部に並ぶボタン

※ Gmail の場合は、［送信］を行うまでメッセージウィンドウが表示されています。

※送信されたメールは「送信済み」トレイに保存されます。

■ 受信したメッセージの確認

　メールアプリを開くと、受信したメッセージが閲覧できますが、［更新］をクリックしてその都度確認することもできます。

■ メッセージの削除

　削除したいメッセージにチェックを入れ、［ゴミ箱］アイコンをクリックします。

画面上部にあるアイコンから操作を選択する

　完全に消去するには、「ゴミ箱」トレイに切り替え、完全に削除したいメッセージにチェックを入れ、［完全に削除］をクリックします。

※ Gmail では、［ゴミ箱］トレイのメッセージは 30 日後に自動的に削除されます。

⇨「宛先」欄に直接相手のアドレスを入力する以外に、アドレス帳に登録してある場合は選択するだけで入力できます。

⇨スマートフォン用メールアプリによっては、必要事項を入力する枠が表示されていないこともあり、その場合は設定を変更して表示させることができます。

⇨「コラム：メールのマナー」参照。

⇨上部の C が更新アイコンです。

⇨ Gmail は受信メールが自動的に振り分けられています。大切なメールが迷惑メールに振り分けられていることもあるので、画面左のトレイを選択して確認しましょう。

送り先のメール環境によって受信できる添付ファイルの容量（ファイルサイズ）が異なります。容量の大きなファイルを添付して送る場合、事前に送り先に受信できるファイルサイズについて確認しておきましょう。もし容量超過で正しく送信できない場合は、エラーメッセージが送られてきます。その場合、ファイルの受け渡しについて別の方法を検討する必要があります（「コラム：メールのマナー」参照)。

■ ファイルの添付

メッセージに添付して送りたいファイルを選択して開きます。

図 2-2-2　添付ファイルの選択

図 2-2-3　ファイル添付された表示

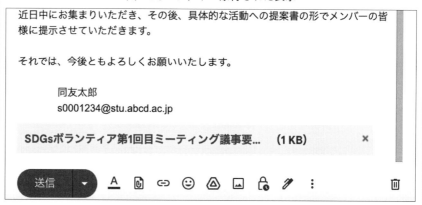

メッセージを送信する前に、正しくファイルが添付されているかを必ず確認し、そのうえで送信を行うようにしましょう。

CC（C.C.）：
Carbon Copy

BCC（B.C.C.）：
Blind Carbon Copy

同報メール

■ ファイルを添付したメッセージの送信

ファイルを添付したメッセージを送信します。

互いによく知っている人のみの複数の人に対しては、それぞれの送り先を「CC」に、そうでない場合は「BCC」に設定し、同報メールとして送信します。（「コラム：CC と BCC」参照）

操作 2-2 メールでのファイル添付

■ メッセージを作成し、添付ファイルを指定します

1．「新規メッセージ」ウィンドウを開いて新しいメールを作成します。
2．［ファイルを添付］アイコンをクリックします。

新規メッセージウィンドウの下部に並ぶボタン

3．「開く」ダイアログボックスで、添付したいファイルのある①場所
　から②該当ファイルを選択して、③［開く］をクリックします。

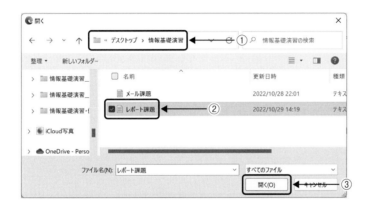

4．前述の、宛先・件名・本文の確認も含め、添付したファイルが間違っ
　ていないか確認後［送信］をクリックします。

⇨ Web メールサービスでは、一般にファイル添付のアイコンがクリップの形で表わされています。

⇨添付できるファイルサイズが、受信側で制限がある場合があります。
「コラム：メールのマナー」を参照して、受け取り側の受信環境に配慮しましょう。

コラム：メディアメッセージと人権 ①

　情報を相互に伝え合うためのメディアをコミュニケーション・メディアと呼びます。紙媒体の新聞・雑誌やテレビ・ラジオなどの一方通行のメディアから電話のような双方向のメディアへと進化し、現在ではインターネットを介した Web サイト・メール・SNS（Social Networking Services）・電子掲示板・ブログなど、時代と共にメディアは世界規模で広がり、それによってメッセージの伝え方・伝わり方も大きく変化してきています。

　前述のように、コミュニケーション・メディアによる個人間のやり取りには、メール以外にもメッセージを媒介するものには Line・SMS（ショートメール）、SNS のメッセージ機能などといったさまざまなものがありますが、利用に際しては、それぞれの特性を理解したうえで、うまく使い分けることが必要です。

　そして、個人間のコミュニケーションだけではなく、Youtube や TikTok などをはじめとした録画やライブ映像配信サービスなどで、誰でも自分自身の意見を公に、しかも比較的容易に発信できるようになってきました。一方で、たったひとことの心ない発言によって、他人の心を傷つけたり人権を侵害したりしてしまう可能性もあることを理解しておかなければなりません。

　いまや Web 上には、コンピュータウイルスやスパイウェア、フィッシング詐欺、スパム・架空請求メールなど、他者に害をおよぼし、犯罪となる行為が私たちの身の回りにも蔓延しています。もちろんそれらの行為は規模の大小を問わず決して許されるものではありません。しかし、学生をはじめとした一般の人たちによる、ほんの軽いいたずらのつもりで行った行為がエスカレートしてしまい、本人の考えていた以上の影響をおよぼしてしまった結果、なりすましやバイトテロ、誹謗中傷による名誉毀損、著作権・肖像権侵害などの違法行為へとつながってしまうことが少なくありません。

コラム：メディアメッセージと人権 ②

　昨今では、スマートフォン 1 台でさまざまな情報を手軽に配信できるようになりました。したがって、情報発信のハードルは非常に低くなっています。それゆえに、一人の発言が社会を変革するほどの大きな影響をもつこともあります。それは、良い影響であれば本当に素晴らしいことですが、反対に問題のある発言や映像を本人がそれほど深く意識しないまま世界中に発信してしまうと逆に大きな社会問題にもなりかねません。そのため、発言等には常に責任をもって慎重に行うようにしなければなりません。

　私たちはネットの世界での一員であるとともに社会の一員であることをも自覚しておくようにしましょう。

コラム：電子メールのマナー ①

　電子メールはスマートフォン等から SNS のメッセージを送信する場合と同じような感覚や文面で送信すると、ときに非常識な状態で送ってしまうことがあります。

　また、受け取る相手はさまざまであり、メールを送る対象も学校の先生であったり、お世話になる会社や団体であったりします。さらにメールを受信する環境もさまざまであり、パソコンでメールを閲覧する場合が多いものです。したがって、相手の立場に立ってメールを送信し、どのような相手に対しても失礼にならないよう、とくに以下のマナーを守ってメールを送るようにしましょう。

① 　差出人の登録名がニックネームなどになっていたら正しい氏名に変更する
② 　宛先名も失礼なものにならないようにする（敬称にも注意）
③ 　件名には、内容がわかるように具体的なタイトルを短めに入力する
④ 　本文には、宛名、挨拶、差出人の記載は必須（返信の場合も毎回入力する）、最後に署名を付すことも多い

コラム：電子メールのマナー ②

　とくに前述③④の記載がないと迷惑メールと受け取られることもあります。これらを記載しているかを送信の前に必ず確認しましょう。さらに、以下の各項目についても配慮するようにします。

⑤　半角カタカナや環境依存文字（①②ⅠⅡ℡など）は使用しない（環境依存文字：環境により文字化けしたり、システムに異常をきたしたりすることがある）

⑥　1行30文字程度で改行すると見やすくなる

⑦　ファイル添付の場合は、ファイルサイズに注意する（大きなデータ容量のファイルは送信先のメールサーバにブロックされることがあるので、2MBを超えるファイルを添付する場合は、送信前に相手に受信可能かどうかを確認する）

　大きなサイズや複数のファイルを送りたい場合はメール添付せず、ファイル転送サービスなどを利用することも検討しましょう。

メッセージ作成の例

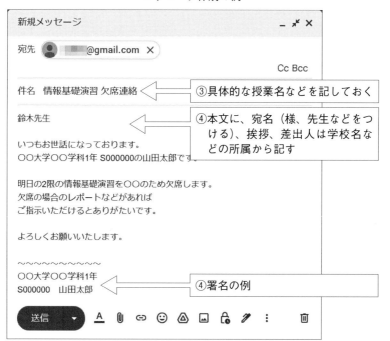

送信

③具体的な授業名などを記しておく

④本文に、宛名（様、先生などをつける）、挨拶、差出人は学校名などの所属から記す

④署名の例

コラム：CC と BCC ①

　メールは誰か特定の一人の相手に対して送信するだけではなく、宛先欄に複数のメールアドレスを「,」などで区切って列記することによって複数の相手に対しても同時にメールを送信することができます。これを「**同報メール**」と呼びます。

　しかし、それとは異なり、本来の送信先とともに特定の相手以外の人にも「写し」としてメールを送信することがあります。そのような場合、メッセージの宛先欄で「**CC**」「**BCC**」の入力欄を表示させ、そこに写しを送る相手のメールアドレスを列記します。

　CC はカーボンコピー（Carbon Copy）の略で、文字どおり書類の写しを意味することばです。CC に指定された相手には、そこに列記されているすべての人に対しても列記されている宛名やメールアドレスが表示されるため、それぞれに対して同じ内容のメッセージが送信されていることが CC での受信者全員にわかります。

　それに対して BCC はブラインド・カーボンコピー（Blind Carbon Copy）の略で、こちらも入力欄に列記された全ての人に同じ内容のメッセージが送信されることは同様です。ただし、Blind とあるように、BCC で受信したそれぞれの人は、他の人にそのメールが送られていることはわからない、という違いがあります。したがって、BCC も同報メールの一種ではありますが、複数の人に送っていることを各送信先に対して秘匿したい場合や、個人情報保護の観点からお互いのメールアドレスを公開しない目的で BCC が使用されることがあります。したがって、CC と BCC の違いをよく理解した上で正しく使い分けをしないと、個人情報を漏洩させてしまうなどといったようなことも起こり得ます。

　なお、CC や BCC は C.C. や B.C.C. のように略語を示す「.」を付して表記される場合もあります。

コラム：CC と BCC ②

CC、BCC の設定

この部分をそれぞれ
クリックすると、入
力枠が表示される。

　「CC」「BCC」ともにビジネスなどの場で使用される機会は多いのですが、以下にま
とめたそれぞれの違いをよく理解したうえで使用するようにしましょう。

CC	受信者全員の宛先やアドレスが他の受信者全員にも表示される。他の人にも同じ内容のメッセージを送っていることがわかる。
BCC	各受信者には他の受信者のアドレスは知らされない。他の受信者のアドレスが表示されないので、一斉送信の場合はこちらを使用することが多い。

第3章

情報の収集と活用

　　レポートや論文、提案書などはものごとを単に説明するだけが目的ではありません。自分の考えや企図する理由、根拠なども含めて正しく伝え、理解させ、さらには読む人を説得することをも目指して作成します。そのためには、論拠となる事実に基づいた情報を収集し、その内容を精査し、さらに分析を加えたうえでそれらのデータを効果的に活用することが大切です。ここでは「SDGs に根差したボランティア」についての提案を行うための裏付けとして、SDGs や、その中でも「作る責任」「使う責任」「フードドライブ」などに関する情報や関連データなどについてインターネットを活用して調べます。

〈操作の流れ〉

3-1 WWW ブラウザを用いた情報検索

Web ブラウザの起動
↓
Web ページの検索
↓
お気に入りへの登録

3-2 見つけた情報の活用

サイト内検索
↓
WWW を使用した Web ページの閲覧
↓
ファイルのダウンロードと保存

3-1 WWW ブラウザを用いた情報検索

WWW（World Wide Web）に掲載され、関連づけられたさまざまな情報は、WWW ブラウザ（以下 Web ブラウザ）を使用して閲覧します。また、必要な情報を**検索サイト**からキーワードや画像、音声などを用いて探すことができます。

ここではまず、インターネットと Web ブラウザを利用して、「SDGs」とはどういうことか、SDGs に基づいたボランティアとして自分たちの身近なことがらにつながることとは何か、というようなことがらを考えることに役立つ情報を調べてみましょう。

■ Web ブラウザの起動

まず、Web ブラウザを起動します。初期設定ではウィンドウに検索サイトが表示されます。Web ブラウザにはさまざまなものがありますが、指定されたものや自分が使いやすいものを選択して使用するなど、目的や状況で使い分けることもあります。

Web ブラウザ起動時に検索サイト以外の Web ページが表示されている場合は、Web ブラウザの「アドレスバー」に検索サイトの URL を入力します。

※例：Google（「**google.com**」のみでもアクセス可能）

| URL | https://www.google.com/ |

図 3-1-1　検索サイトの例（Google）

※ Google のホームページへアクセスした際にログインが求められる場合があります。ログインにはあらかじめユーザのアカウント情報の登録が必要ですが、ログイン後には Google の **Gmail**、**Google ドライブ**などといった Google から提供されるサービスの利用が可能になります。

操作 3-1 WWW ブラウザを用いた情報検索

■ URL の入力

　ここでは、WWW ブラウザ（Google Chrome）を使用した、インターネットに関する操作について解説します。

1．「アドレスバー」に Google の URL を入力します。

2．[Enter] キーを押します。

アドレスバー

Google Chrome で表示した Google のポータル画面

■ キーワード検索

1．「アドレスバー」に調べたいことがらをキーワードとして入力します。

2．複数ある場合は、キーワードとキーワードの間に空白を入力します（「コラム：条件検索」参照）。

3．候補の Web サイトが一覧で表示されます。

4．該当するサイトへのリンクをクリックします。

■ Web サイトの「お気に入り（ブックマーク）」への登録

1．お気に入りに登録する Web ページを表示します。

2．アドレスバーの右端の ☆ アイコンをクリックします。

3．「ブックマークを編集」ウィンドウで、登録するページの名前（変更ができます）とフォルダを選択し、「完了」をクリックします。

⇨ Web 情報を閲覧することを「ブラウズする」ともいい、ブラウズするアプリケーションを総称して「ブラウザ」と呼びます。
代表的なものに、Microsoft Edge、Google Chrome などがあります。

Google Chrome の
アイコン

⇨ Web ページのアドレスのことを URL といいます。
Web サイトのトップページに設定された「index.html」は一般に省略できます。URL 冒頭に記載されてデータ通信の種類や形式を表す「http://www」なども省略できる場合があります。

⇨ Google や Yahoo! などの検索エンジンでは、ページ内の検索窓にキーワードを入れても検索できます。

⇨ Google アカウントがあれば、スマートフォンやパソコン等の間で Google Chrome のブックマークを共有できます。

■ Webページの検索

　検索サイトの検索窓（検索欄）にキーワードを入力して検索を行います。ここではまず、「SDGs」について検索してみましょう。

　多くのWebサイトが検索結果としてリストアップされますが、その中から外務省のWebページ「JAPAN SDGs Action Platform」を開きます。

URL	https://www.mofa.go.jp/mofaj/gaiko/oda/sdgs/index.html

図3-1-2　検索結果と開いたWebページの例

■ お気に入りへの登録

　表示させたWebページの名前やURLなどを含んだ情報を「お気に入り」に登録します。「お気に入り」に登録した後は登録した項目名を選択するだけでそのWebページにアクセスすることができるため、複雑なURLを入力してWebページを表示するまでの手間が省けてWebサイトの閲覧が容易になります。

図3-1-3　お気に入りへの登録の例（Google Chrome）

🔑 キーワード

http：Hypertext
Transfer Protocol

https：Hypertext
Transfer Protocol
Secure

💡 ヒント

外務省のWebサイト以外にもユニセフ等のWebサイトに掲載されているSDGsに関する情報にもアクセスしてみましょう。

💡 ヒント

右欄のURLを全て入力する以外に、まず外務省のホームページを開いたあとに外務省サイト内で「sdgs action platform」を検索して目的のWebページを開くなどの方法（サイト内検索）もあります。

✏️ 重要ポイント

URLはインターネット上の住所（アドレス）にあたります。正確に入力しなければ、目的のWebサイトやサービスにアクセスできません。

Google Chrome で大学の LMS のサイトをお気に入り登録

⇨ LMS（Learning Management System）とは、学習支援のためのシステムを構成する Web サイトで、代表的なものに Moodle（ムードル）などがあります。

4．登録したページは、「ブックマークバー」や「その他のブックマーク」から、表示できます。

※「ブックマークバー」が表示されていない場合は、アドレスバーの最右にある設定アイコン ⋮ から表示の設定をします。

◾ ブラウザの機能

多くのブラウザには、前述のように URL を読み込んだり、お気に入りに登録したりする機能がありますが、Web ページを閲覧するために、以下の機能があります。

⇨ Web ページ内の文字列の表示倍率を変更するズーム機能があります。
拡大：Ctrl＋＋
縮小：Ctrl＋－

⇨ F5 キーでも Web ページの更新が行えます。

ハイパーリンク	略してリンクともいう。設定部分をクリックすると、別の Web ページを表示したり、ファイルが開いたりする。 リンク先が、新しいウィンドウで開くこともある。
タブ	複数の Web ページを切り替えて閲覧できる。
戻る	一つ前に表示した Web ページに戻る。 長押しで履歴が表示されるので、複数回前に戻ることができる。
進む	いったん「戻る」で戻った場合、先に表示した Web ページに進む。 長押しで履歴が表示される。
更新	同じページでも時間経過で内容が変更になることがある。その場合は再読み込みされる。
ホーム	ブラウザで設定された最初の Web ページが表示される。
履歴	以前にアクセスした URL が一覧表示され、再度同じ Web ページを表示できる。

ヒント
Web サイトが更新
される前に現在閲覧
中の Web ページを
保存しておきたい場
合などには、Web
ページを保存できる
場合があります。

3-2 見つけた情報の活用

　論拠として役立つ具体的な情報や SDGs の目指す理想に対する実際の現状を示すデータなどについても検索します。そこで見つけた情報の中から特に有益と思える情報をまず活用方法について考えたうえで選択し、記録や保存をします。

サイト内検索

　環境省の Web サイトを開き、「お気に入り」に登録します。さらに SDGs の目的を調べるため、表示された環境省のホームページからサイト内検索で「SDGs ゴール サステナビリティ」という 3 つのキーワードで複合検索を行ってみましょう（「コラム：条件検索」参照）。

　次に表示された検索結果のリストから「**健康でサステナブルな生活**」という項目を選択して表示し、閲覧してみましょう。そして、その内容から「**食品ロス**」と「**フードバンク**」ということばに着目します。さらに**検索サイト**からこれらのことばの意味について検索し、そこに記された内容を簡単に要約したうえでメモ帳や LMS（Learning Management System）に記録しておきましょう。

図 3-2-1　食品ロスとフードバンクに関する情報の閲覧

WWW ブラウザを使用した環境白書の閲覧

　「食品ロス」などについて詳しく知るため、環境庁の「環境白書」や「食品ポータルサイト」をもとに調査してみましょう。

環境白書 URL	https://www.env.go.jp/policy/hakusyo/
食品ポータルサイト URL	https://www.env.go.jp/recycle/foodloss/general.html

操作 3-2 見つけた情報の活用

■サイト内検索

　WWW 全体ではなく、Web サイト内の情報の中から検索ができる場合もあります。行政の Web サイトのほか、コンテンツ配信や販売サイトなどでも多く採用されています。また、ブラウザの設定アイコン　→［検索］を選択して表示される検索枠に検索したいキーワードを入力して、ページ内の検索が行えます。

サイト内検索

■Web ページの保存

１．ブラウザの設定アイコン　→［その他のツール］→［名前を付けてページを保存］をクリックします。

２．「名前を付けて保存」ダイアログボックスで、ファイル名・保存先を確認して、［保存］をクリックします。

サイト内検索

⇨ファイルの種類を「ウェブページ、完全」で保存すると、HTML ファイルと表示されている画像等も一緒に保存されます。

■画像の保存

１．保存したい画像上で右クリック →［名前を付けて画像を保存］を選択します。

２．「名前を付けて保存」ダイアログボックスで、ファイル名・保存先を確認して、［保存］をクリックします。

図 3-2-2　環境白書等の Web ページ（環境省）

■ ファイルのダウンロードと保存

　閲覧した Web ページを保存したり行政白書サイトからファイルをダウンロードして保存したりした上で、その中のデータを調査や分析に活用しましょう。

　まず下記の①の Web ページを開き、ページを保存します。さらに②のレポートのファイルをダウンロードして保存します。後ほどこれらの情報の一部を「第 6 章 情報の整理と分析」で使用します。

① 「我が国の食品ロスの発生量の推計値（令和 2 年度）」環境省

> URL　https://www.env.go.jp/press/111157.html

② 「令和 3 年度 食品廃棄物等の発生抑制及び再生利用の促進の取組に係る実態調査」環境省

> URL　https://www.env.go.jp/content/000062131.pdf

■ ファイルのダウンロード（PDF ファイル）

1．Web ブラウザで開いた PDF ファイルの場合は、保存アイコン  を
クリックします。

2．「**名前を付けて保存**」ダイアログボックスで、ファイル名・保存先
を確認して、[**保存**]をクリックします。

Web ブラウザのリンクから開いた PDF ファイルの例

■ ファイルのダウンロード（PDF ファイル以外）

1．ファイルへのリンクをクリックすると、自動的にダウンロードフォ
ルダにダウンロードされます。ファイルリンクを右クリックして表示
されるコンテキストメニューから「**リンク先を別名で保存…**」を選
択すると、任意のフォルダへ保存できます。

2．ウィンドウ左下に、ダウンロードファイル名が表示されます。

PDF ファイルへのリンクをクリックした状態

3．そのままファイルを開く場合は、ファイル名の部分をクリックしま
す。

4．隣の ^ をクリックすると保存先のフォルダを開くことができます。

➡ Google Chrome
での説明です。
Microsoft Edge で
は、ダウンロード状
況が画面右上に表示
されます。

➡保存場所を選択で
きる設定になってい
る場合は、リンクを
クリックすると、
「名前を付けて保存」
ダイアログボックス
が表示されます。

コラム：書誌・論文検索

　インターネットを介して、自分たちの大学にある図書館はもとより、他大学や研究所などの図書館、国立国会図書館や公共図書館などの蔵書の中からキーワードをもとにした書籍の検索や論文の閲覧が行えます。国立情報学研究所（NII）の CiNii（NII 学術情報ナビゲータ：サイニィ）では、「**大学図書館の本をさがす**」（CiNii Books）で国内の大学図書館等に所蔵されている書籍を、「**論文・データをさがす**」（CiNii Research）で学術雑誌等に掲載された論文などを検索することができます。また検索した論文等については、デジタルファイルの形式（PDF）で無料または有料で閲覧できるものがあります。

・国立国会図書館サーチ ⇒ https://iss.ndl.go.jp/

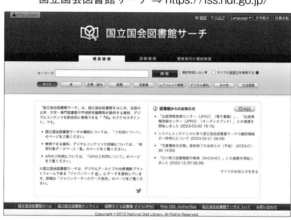

・国立情報学研究所の学術情報ナビゲータ（CiNii）⇒ https://cir.nii.ac.jp/

━ コラム：条件検索 ━

検索サイトなどにおいて１つのキーワードで検索を行うと、その検索結果には多くの場合、非常に多数の項目が表示されます。その際に「**条件検索**」を行うと検索結果が絞り込まれて、効率的な情報検索が可能になります。

検索サービスのシステムによって多少ルールは異なりますが、一般に、複数のキーワードをスペース（空白）で区切って併記すると、「〜かつ…」という意味になり、列記したすべての語を含む Web ページ等のみが検索結果として表示されます。スペースの代わりに半角で「**AND**」と入力したり、「〜または…」の条件で「**OR**」を使用したりする場合もあります。なお、「OR」検索の場合、列記したキーワードを一つでも含む Web ページの全てが検索結果として表示されますので、通常は非常に多くの検索結果が表示されます。

「AND」を用いた検索とは逆に、検索から特定の語を除きたい場合は「-」（半角）を除きたい語の前に付けて検索を行います。

比較的広く利用されている検索サイトの Google では、その他にも多くの条件検索の方法が用意されています。

例えば、入力した内容に完全に一致する語句を含む Web ページを検索する場合は、**"探したいキーワード"** のように「"」で検索したい語句を挟んで検索を行います。また、２つの数値の間の数字を含む Web ページを検索したい場合は、「**10..99**」のように２つの数値の間に「..」を入れて検索します。

文字データ以外にも、昨今では画像データや音声データで情報の検索が行える手段が用意されるようになってきました。効率的に有益な情報を検索するためには、いろいろな方法をうまく組み合わせていく知識が必要です。

一方で、Web サイトや SNS では、マーケティング上の理由から普段からユーザが興味・関心を抱いている検索内容を収集・調査し、それらのことがらを中心とした情報を優先的に表示することが多いため、目にする対象が次第に狭まってきます。したがって、日頃から、インターネット上の情報のみに頼るのではなく、書籍やさまざまな人とのコミュニケーション、実際の体験などを通じて、広く知識を得るように心がけましょう。

　論文やレポートを書くとき、自分が展開する論理の説得力を持たせるために、他人の見解を紹介したり、時には他人が作成した文章や画像の一部をそのまま掲載して自論の根拠を明示したりすることがあります。これを「引用」といいます。引用は、どのような書物や論文を引用したかが論文の成否に大きく関わってくることもあり、論文執筆には必須の技術といえます。ただし、Web ページなどに記載されている文章や画像をそのままコピー＆ペーストして気軽に用いると、著作権の侵害や盗用・剽窃（ひょうせつ）と判断され、時に大きな代償を支払わなくてはならない状況に陥る可能性もあるため、正しい引用のためのルールを守るようにしましょう。

　引用のスタイルは大まかには、原文を一字一句そのまま直接的に引用する場合と、要旨を自分の言葉に言い換えて間接的に引用する場合の 2 種類があります。

【直接的な引用】

　引用文が短い場合には、以下に示したように「　」に入れて地の文の中で引用箇所を示し、末尾に番号を記したうえ、論文の最後にも出典を示して関連づけます。

> 《例》カナダ人社会学者のマクルーハンは「メディアはメッセージである」[1]という言葉を残し……〈後略〉。

　数行にわたる比較的長い引用の場合には、地の文を一行空け、行頭を一字分下げて引用部分を示し、引用終了箇所に番号を記し、その後また一行空けて地の文を続ける（引用部分は多くの場合、地の文より小さい文字を使用）などの方法が採られます。

> 《例》クラウディア・スプリンガーはハラウェイの言葉を引き継ぎ、サイボーグを次のように詳しく定義している。
>
> 　人間中心の宇宙は二元論のシステムに安住している―現実／仮想、自然／文化、男性／女性、若者／老人、分析的／感情的、過去／現在、生者／死者、そして人間的／技術的。人間的なものと技術的なものとの境界が崩壊するとき……〈中略〉……サイボーグとは究極の境界逸脱である[2]ハラウェイやスプリンガーの言うように……〈後略〉。

── コラム：引用ルールと参考文献リスト ② ──

【間接的な引用】

　引用する内容が地の文の中に取り込まれているような場合は、該当内容の記述後に番号を入れ、引用であることを示します。

> 《例》NHK 放送文化研究所が実施する中高生の生活意識調査における経年的動向をみると、必ずしも知人や友人の数は減少傾向を示しておらず、むしろ増加傾向を示している[3]。

　直接、間接いずれの場合も、論文や書籍から引用した場合は、引用箇所の後に著者名、発行年を記します。

> 《例》Web の活用を考えるにあたり「決して心の持ち方さえもが圧縮されてしまうことがないように、私たちは絶えずインターフェイス（接面）の裏側にも目を向けていく必要がある」（淺間、2010）という本質を忘れてはならない。

【参考文献リスト】

　論文やレポートでは、引用文献のみならず参考とした文献も併せて文末にリスト化し、以下のような方法で提示します。

> 《例１》：引用文献[1]　マーシャル・マクルーハン（栗原裕・河本仲聖共訳）『メディア論』、みすず書房、1987 年、p.7
> 《例２》単行本の引用：［著者名、『書名』、出版社名、出版年、頁番号］
> 《例３》雑誌論文の引用：［著者名、「論文名」、『雑誌名』、巻・号、発行年、頁番号］

　上記のような形式で記すのが一般的です。また最近は、欧米のスタイルに準じて、［著者名、（出版年）、書名、出版社名、頁番号］といった形式で記すことも多くなってきています。実際にレポートや論文を作成する際に執筆要領があらかじめ提示されている場合は、引用の形式を含めそこに記された様式に従います。

　最近はインターネットの普及により、Web 上に公開されている電子テキスト版の論文やデータベースを利用して資料を収集することがごく当たり前になりつつありますが、こういったものも著者名、ページタイトル、URL 等を含む出典を明示し、書籍と同様に扱います。こうした不正や剽窃を判定するためのソフトウェアも既に高性能のものが開発されています。とはいえ、最も重要なのは、引用の際は自分の書いた文章と引用した箇所が明確に区別できるようにした上で出典を明示することです。

コラム：著作権について知っておこう ①

　多くの国で「著作権」は法律で認められた基本的な権利であり、国際的なルールとしても尊重されています。

　著作権は主に作品の創作者に関わる権利であり、創作物を自由に使用できるのは作品を作った本人だけです。作者が時間やお金などを費やし苦労して産みだした作品を第三者が勝手に使用することは原則として認められません。作者自身が本来得るはずであった功績や対価を盗み取ることにもつながりかねないからです。昨今、Web サイトなどに多くの著作権を無視した動画をはじめとする違法なコンテンツが掲載されていることが社会問題となっています。これらの行為に対しては法的責任や社会的責任が問われることと併せて重い損害賠償責任が課されるなど厳罰化される傾向にあり、未成年者や学生においても「知らなかった」「ほんのでき心だった」などといったことでは済まされなくなってきています。したがって、著作権については正しい知識を身に付けておくことが求められます。

【法律が定める著作権】

　一般にいう著作権は知的財産権の一つです。また、「著作権」とひとことで言ってもいくつかの権利が内包されています。わが国の法律で定められた著作権には大きく分けて次の二つがあります。比較的広く認識されている著書や映像などのような著作物に関する「**著作権**」と、演奏や演技など主に無形のパフォーマンスに類するものやパフォーマーやその楽曲、映像等のコンテンツを管理する事務所、会社などが有する権利である「**著作隣接権**」です。

　さらに「著作権」には、著作者の著作物にかかる報酬などといった「**財産権**」に関わる「**著作権**」と、著作者が著作物を創作したという事実を守る「**著作者人格権**」の二つの権利があります。この中の「財産権」は契約等により他者に譲渡することが可能ですが、「著作者人格権」は権利行使を契約等で制約することは可能であるものの、他者への譲渡自体はできません。

コラム：著作権について知っておこう ②

【著作権に配慮した著作物の利用】

　著作権の存続期間は近年長期化する傾向にあり、国内現行法での著作権存続期間は著作者の死後 70 年です。存続期間満了後に財産権行使はできなくなり、原則として自由利用が可能になりますが、それまではいかなる著作物も著作権者に無断で使用することができません。

　また、財産権消失後も著作者人格権は消失することがないので、著作物を勝手に改変したり、著作者を騙ったりすることはできません。したがって、論文やプレゼンテーションなどで他人の著作物の一部を引用したり画像などを掲載したりする場合は、財産権の有無にかかわらず、ルールに従って正しく引用するようにしましょう。

【著作物の利用範囲】

　ソフトウェアや動画など他人の著作物を SNS や動画サイトにアップロードすることはもちろん、友達に私的にコピーして渡すことも違法行為とみなされます。一方、純粋に個人や家庭内のみで楽しむ場合やデータのバックアップとして複製・保存する場合などには、利用の許諾が必要とはされていません。なお、イベントなど人が集まる場所で楽曲や映像などを勝手に演奏したり放映したりすることは、営利・非営利に関わらず権利侵害とみなされるため、注意が必要です。

　「フリー素材」をうたったデータなどでは、著作権は保持され、利用条件が設けられていることが多いので、慎重に利用しましょう。

　なお、教室内の対面授業などで教員や学生が教育目的の範囲に限って著作物の一部を複製・配布したり NHK の番組を視聴したりすることが認められていますが、これも無制限で自由というわけではありません。とくに遠隔教育などネットワークを介してデジタル化した著作物を配布・上映する際には、近年の著作権法改正で著作権者の許諾、または「授業目的公衆送信補償金管理団体」への補償金支払いを条件に教育利用が可能となりました。いずれにせよ、教育目的といえども著作物の利用については複雑な条件が伴うため、文化庁や文部科学省の Web サイト等に掲載されている情報を必ず確認し、それでも不明な場合は、それら省庁の担当窓口へ問い合わせるようにしましょう。

　インターネット上には Wiki というシステムを利用した「ウィキペディア（Wikipe-dia）」と呼ばれる百科事典のような Web サイトがあります。

URL	https://ja.wikipedia.org/

　Wiki とは、コンテンツ・マネージメント・システム（Contents Management System）の一種であり、誰でも簡単に情報を追加・編集できるのが特徴です。従来、百科事典は出版物としてさまざまな専門家によってまとめられていましたが、ウィキペディアは不特定多数の人々の知識を集結したインターネット上のデジタル百科事典です。Wiki システムの特性を活かして誰もが自由に編集できる仕組みであることから、記載されている情報の信頼性に不安があるとされていますが、その反面、誰かが間違った記載をした場合には、他者によって比較的早く訂正が行われるという利点もあります。したがって、日常的な疑問などといった情報の検索に広く活用されています。

　ところで、「○○について調べよ」というレポートが出題された際、このようなサイトを使用し、内容をコピーして貼り付け、自分の文章のようにしてしまうと、盗作（剽窃）となるばかりではなく、他にも多くの問題をはらんでいます。例えば、他人の書いたことがらや考えを自分自身で理解していない、また、それを全く疑うことなく事実としてとらえてしまうなどは、大変危険なことでもあるのです。レポートを書く際には、これら Web サイトを活用して情報を調べることはとても有効な手段ではありますが、一つのことがらに対して複数の Web サイトを調べたり、書籍や論文などのような文献も読んだりしながら、さまざまな角度から情報を精査したうえでレポートをまとめるようにしましょう。

※ CiNii に掲載されているような学術論文に類する文献は、一般に「査読」という複数の研究者によるチェックの過程を経て発表されることが多いため、参考文献として用いる場合には、比較的信頼度が高いとみなされています。

第**4**章

ワープロを使用した文章の構成

　「SDGs に根差したボランティア」の企画を実際に立てるにあたって、まずはテーマに関連した参考文献を読み、その内容を理解したうえで提案書の作成へと進めていきます。内容の理解を促すため、最初に文章の要約を行ってみましょう。

　本章では、ワープロのいろいろな機能を活用して、要約文をより効率よく作成することを試みます。

　この章では、提案書の作成を通して情報の正確な伝達と理解を促す表現方法についてワープロソフトの応用的な活用を通して学びます。本章で学ぶアウトライン作成については、レポートや論文作成などさまざまな文書作成にも役立てることができるため、ワープロの操作方法のみならず、アイデアからアウトラインを経て文章を形成するまでの流れもしっかりと学んでおきましょう。

〈操作の流れ〉

4-1 文章の重要箇所の抽出

参考文献のダウンロードと保存

⬇

重要部分の色付け

⬇

文章の段落分け

4-2 要約文アウトラインの作成

新規文章の作成

⬇

アウトラインとトピックの作成

⬇

重要箇所の抽出

4-3 要約文の完成

文章の要約

⬇

文章の整理

⬇

ファイルの保存

ヒント
筆者の考えや思想を
くみ取りながら内容
を理解することで、
より適確に要点をま
とめることができる
ようになります。

4-1 文章の重要箇所の抽出

　参考文献を読みながら、重要な部分はどこかをまず考えます。そのために、ワープロソフトの「蛍光ペン」機能を用いて重要箇所に色付けし、その上で文章構成についても考えてみましょう。

■ 参考文献のダウンロード

　「SDGs ―見失いたくないもうひとつの視点―」を次の URL からダウンロードし、自分のパソコンや USB メモリ内に保存します。

https://www.doyukan.co.jp/download/

■ 重要箇所への色付け

　ダウンロードした参考文献を開き、「蛍光ペン」の機能を使用して、重要と思われる箇所に色付けします。（図 4-1-1）

ヒント
文章をいくつかに分
ける過程で、文脈を
読み取ったり、文章
構成を分析したりす
ることにつながって
いきます。

■ 文章を内容で分ける

　文脈を読み取り、改行を挿入して文章を 4 つの部分に分けます。（図4-1-1）

図 4-1-1　重要部分の色付けと段落分け例

ヒント
文章の中で特に重要
と思われるキーワー
ドが含まれる部分や
作者の造語と思われ
るキーワードなどが
含まれる文章に着目
してみましょう。

■ 名前を付けて保存

　色付けをして内容を分けた文書を「名前を付けて保存」します。

ファイル名（例）「SDGs 重要箇所」

操作 4-1 文章の重要箇所の抽出

◼ 資料をダウンロードして保存

1．ブラウザを起動し、「アドレスバー」に URL を入力します。
2．各ブラウザのダウンロード方法で、ファイルをダウンロードします。

⇨第3章参照
⇨第3章参照

◼ 資料を開く

1．Word を起動します。
2．スタート画面で次の順に指定します。
　①［開く］を選択
　②［参照］をクリック
　③「ファイルを開く」ダイアログボックスでファイルの保存場所を開く
　④ファイルを選択
　⑤［開く］ボタンをクリック

⇨ Windows では一般に、ファイルアイコンのダブルクリックなどすると、Word が起動するとともに Word 形式の文書ファイルなどが開きます。

⇨ Word のアイコン

⇨第1章参照
アプリの起動

◼蛍光ペンの機能を使って重要な部分をマーク

1．［ホーム］タブ→［フォント］グループ→［蛍光ペンの色］を選択します。
　※ペンの色を変更したい場合は、「蛍光ペンの色」右横の▼プルダウンメニューから任意の色を選択します。
2．マーカーで色を付けたい箇所（文字列）をドラッグして選択します。
3．全て選択し終えたら、再度［蛍光ペンの色］をクリックし、蛍光ペンを解除します。
　キーボードの ESC キーを押すことでも解除できます。

⇨スタート画面でない時は［ファイル］タブに切り替えます。

⇨文字や段落に飾りをつけたり、配置を変えたりすることを「書式設定」といいます。
通常は、該当部分を選択後、ボタンで機能を選択します。蛍光ペンも同様です。

［蛍光ペンの色］の設定画面

4-2 要約文アウトラインの作成

4-1 で行った色付け等の作業結果を参照しながら、ワープロのアウトライン機能を利用して資料を要約します。ここでは 550 字以内を目安に作成します。

■ 新規文書の作成

■ 表示をアウトラインに切り替え

■ 資料の内容から 4 つのトピック（親）を作成

アウトライン項目（以下トピック）を文脈から 4 つ作成します。これらのトピックは最上位の「親トピック」になります。

図 4-2-1　トピックの作成

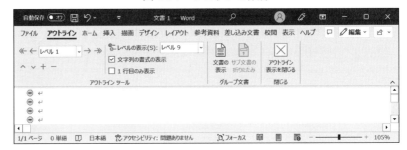

■ 下位レベルの作成とレベル設定

各親トピックの下に下位（子）のトピックを作成し、それぞれを「本文レベル」に設定します。

図 4-2-2　子のトピック（本文レベル）の作成

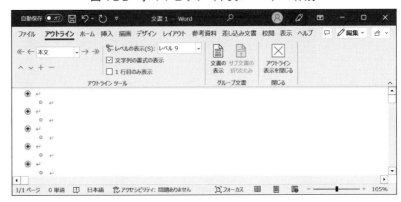

◼ 改行をする・段落に分ける

1．カーソルのある位置でキーボードの Enter キーを押すと、印刷レイアウト表示では次の段落に改行され、アウトライン表示ではトピックが追加されます。

◼ 名前を付けて保存

1．［ファイル］タブ→［名前を付けて保存］をクリックします。

2．変更したファイルを同じフォルダへ保存する場合、①ファイル名のみ変更して［保存］をクリックします。

ファイルの「名前を付けて保存」の画面

3．ファイルを別の場所に保存したり、形式を変更したりするときは、「名前を付けて保存」ダイアログボックスで以下について設定します。

①ファイルの場所を設定

②ファイルの種類を変更（必要な場合）

③ファイル名を設定

④［保存］をクリック

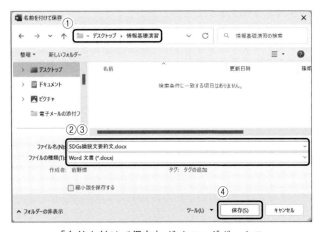

「名前を付けて保存」ダイアログボックス

⇨新規文書や、既存のファイル名を変更して別のファイルを作るときは、ファイル名を入力します。

⇨ファイルの名前を付けるルール
・簡潔にできるだけ短く
・使用できない半角記号がある
【例】？＊／など
・空白は原則として使用せず、名称を途中で分けたい場合は半角のアンダーバー「＿」を使用します。

ヒント
最初のタイトルが
「はじめに」の場合、
最後のタイトルは
「おわりに」という
ように対になります。

ヒント
装飾的であったり説
明的な文章をあえて
簡略化したり削除し
たりして、文章の核
心となる部分を明確
にします。

また、場合によって
は、複数の文章をつ
なげて一つの文章に
したり、あえて文章
の前後を入れ替えた
りするなどの工夫
が、より簡潔で分か
りやすい要約文につ
ながることがありま
す。

■要約文の入力と文章の整理

　各本文レベルに色付けした箇所の文章を抜き出し、それをもとに要約文を入力していきます。この際に、さらに意味を損ねない範囲で文章を要約したり文章をつなげたりします。さらに、適宜に接続詞などを付け加えて、より文意を理解しやすくなるように工夫します。

　本文レベルに要約文を入力したのち、親レベルに本文レベルの文章内容を簡潔に表したタイトルを入力します。

図 4-2-3　アウトラインでの要約文の入力例

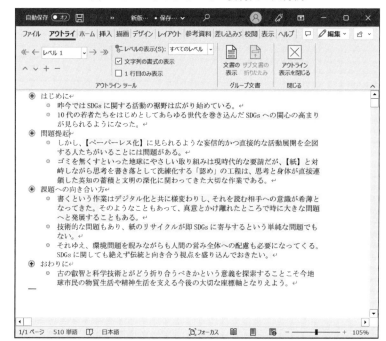

4-3　要約文の完成

　4-2で作成したアウトラインから、要約文を完成させます。

■表示を印刷レイアウト表示に戻す

　印刷されたことを想定したレイアウト等を行うため、表示を「アウトライン」から「印刷レイアウト」に戻します。

■色付けされた箇所の蛍光ペンの色の解除

　色付けした箇所の文章に設定した蛍光ペンの色が残っている場合、それらの部分を選択した上で蛍光ペンを「色なし」の状態に戻します。

操作 4-2 要約文アウトラインの作成〈1〉

■ 文書の新規作成

1．［ファイル］タブ→［白紙の文書］を選択します。

　※ Word を新たに起動した場合は、スタート画面に［白紙の文書］が
　　あります。

　※テンプレートを選択する画面でない場合は［新規］を選択します。

■ 表示モードを切り替える

1．アウトライン表示にする場合

　　［表示］タブ→［表示］グループ→［アウトライン］を選択します。

「アウトライン機能」とは

　　長文をいくつかのまとまりに分けて、大見出し・小見出しなどを
つけたものを作成する機能です。アウトラインによる文章構造を階
層構造ともいい、親子関係と表現されることもあります。

　　このテキストのように、アウトラインモードから入力すると、文
章の骨格（親）を先に作り、あとで肉付き（子・本文）をつけ足し
ていくことができます。とくに長文の文章を作成する場合、論理的
展開を有した文章の構成に有効です。

　　アウトラインで入力した文字列は、自動的にスタイル「見出し」
が設定されます。［見出し1］などを設定すると次のことが行えます。

A）「目次」を作成するときに、そのまま見出し部分が目次項目に
　　なります。

B）文章の構造をドラッグ操作などで容易に入れ替えることができ
　　ます（項目の移動）。

C）「折りたたみ・展開」で見出しのみ表示することができます。
　　※印刷レイアウトモードでは、リストマークが変わります。

D）書式を変更したい時に、設定した部分すべてに適用できます。
　　（後述）

E）PowerPoint で「アウトラインからスライド」で Word ファイ
　　ルを取り込むと、そのまま各スライドに変換されます。

⇨あらかじめレイアウトが設定されているファイルから新規に文書を作成する場合は「テンプレート」を選択して使用します。

⇨先に文章を入力しておき、あとで見出しの設定をしても、アウトラインの階層構造になります。
【手順】
①変更する行にカーソルを置く
②［ホーム］タブ－［スタイル］グループから「見出し1」をクリックする

⇨「スタイル」は、複数の書式を一度に設定ができます、

⇨文章をまとめて入れ替えるのは、「印刷レイアウト」モードでは「ナビゲーションウィンドウ」で行います。

⇨アウトライン機能のD）は、スタイル書式の機能なので、「見出し」以外のスタイルでも同様です。

■要約文の入力とレイアウトの調整

　レベル設定したアウトラインの文書において、読む人が内容をより理解しやすいようにタイトルや書式等を調整して要約文を完成させます。

図 4-3-1　要約文完成例

はじめに
　　昨今では SDGs に関する活動の裾野は広がり始めている。
　　10 代の若者たちをはじめとしてあらゆる世代を巻き込んだ SDGs への関心の高まりが見られるようになった。

問題提起
　　しかし、【ペーパーレス化】に見られるような妄信的かつ直接的な活動展開を企図する人たちがいることには問題がある。
　　ゴミを無くすといった地球にやさしい取り組みは現時代的な要請だが、【紙】と対峙しながら思考を書き落として洗練化する「認め」の工程は、思考と身体が直接連鎖した英知の蓄積と文明の深化に関わってきた大切な作業である。

課題への向き合い方
　　書くという作業はデジタル化と共に様変わりし、それを読む相手への意識が希薄となってきた。そのようなこともあって、真意とかけ離れたところで時に大きな問題へと発展することもある。
　　技術的な問題もあり、紙のリサイクルが即 SDGs に寄与するという単純な問題でもない。
　　それゆえ、環境問題を睨みながらも人間の営み全体への配慮も必要になってくる。SDGs に関しても絶えず伝統と向き合う視点を盛り込んでおきたい。

おわりに
　　古の叡智と科学技術とがどう折り合うべきかという意義を探索することこそ今地球市民の物質生活や精神生活を支える今後の大切な座標軸となりえよう。

■ アウトラインの操作

● 親のトピック（レベル1）を作成し、見出しを入力

1. ⊖ のうしろから1つ目の項目を入力します。

2. Enter キーで改行します。

　　新しいトピックが、次のアウトライン項目として作成されます。

● 子のトピック（本文）を作成し、文章を入力

1. 1つレベルを下げたいときは Tab キーを押します。

　　行冒頭のリスト記号が変わります。

2. 内容を入力します。

■ アウトライン機能のその他の操作

● 項目の移動

　リストマークを上下にドラッグすると、下位階層も一緒に移動します。

● 折りたたみ・展開

　行頭のマークをクリックすると、下位階層部分が折りたたまれたり、展開されたりします。

■ 表示モードを切り替える

　アウトライン表示から、最初の「印刷レイアウト」モードに戻します。[表示] タブ→ [表示] グループ→ [印刷レイアウト] を選択します。

※表示モードは通常、「印刷レイアウト」モードになっており、画面右下のアイコンで「Webレイアウト」モード、「閲覧モード」などにも切り替えられます。また、画面の表示倍率設定などもあるので、操作しやすい大きさに設定しましょう。

⇨キーボードでのレベル変更
レベル下げ Tab
レベル上げ
Shift + Tab

⇨ Word のバージョンによっては、「リボン」に「アウトライン」タブがあるので、そこでのレベルの上げ下げもできます。

エクササイズ〈2〉

■演習課題

　アウトライン機能を利用し、下の作成例を見ながら自分たちの住む地域の都道府県や市、町、村などの構成についてまとめてみよう。

作成例

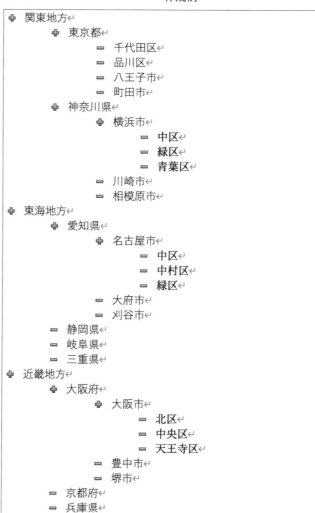

操作 4-2 要約文アウトラインの作成〈2〉

操作 4-3 要約文の完成

■文字書式・段落書式を整える

◉蛍光ペンの色を消す

１．［ホーム］タブ→［フォント］グループ→［蛍光ペンの色］右横の
　▼プルダウンメニューから［色なし］を選択します。

２．色を消したい箇所（文字列）をドラッグで複数箇所選択します。

３．全て選択し終えたら、再度［蛍光ペンの色］をクリックし、操作を
　解除します。
　　　キーボードの ESC キーでも［蛍光ペンの色］を解除できます。

◉選択方法

文字単位	マウスポインタが I の形でドラッグ
行単位	行頭の少し左でマウスポインタが ⊿ の形でクリック
複数行	行頭の少し左でマウスポインタが ⊿ の形で下にドラッグ
複数個所	一部分選択後、２箇所目から Ctrl キーを押しながら選択
広範囲	選択したい最初の部分をクリックし、最後は Shift キーを押しながらクリック

◉要約文の書式を整える

１．まず、要約文全体の文章を選択し、リボン［ホーム］タブの「フォ
　ント」グループからフォント書式を「MS 明朝」「10.5」に設定します。
　（図 4-3-1 参照）

フォント書式の設定

２．次に見出しの部分を行単位で選択し、1.と同様の方法でフォント書
　式を「MS ゴシック」「12」に変更します。

３．リボン［ホーム］タブの「段落」グループ右下の ⑤（「段落」ダイ
　アログボックス起動ツール）をクリックして「段落」ダイアログボッ
　クスを開き、インデントや最初の行の「字下げ」などを設定します。

⇨蛍光ペンの色部分
を消す時は、先にド
ラッグして選択して
おくこともできます。

⇨一部の書式設定
は、選択直後に出て
くるミニツールバー
でも設定できます。

⇨その他の段落書式
も［段落］グループ
に並んでいます。

⇨左インデントは
［インデントを増や
す］ 三 をクリックす
るごとに、段落内の
文字列が右に１文字
分ずつ移動します。

⇨ボタンにないもの
や、まとめて設定し
たい時はダイアログ
ボックスを表示し、
操作します。

⇨上書き保存は［ファイル］タブ→［上書き保存］でも行えます。

⇨文書作成前や途中では、A)B)、印刷前の最終確認では、C)で設定します。

■ 上書き保存

1．画面左上の 🖫（保存）ボタンをクリックします。

■「ページ設定」と「印刷」

● ページ設定

ページ設定には次の3通りの方法があります。

A）［レイアウト］タブ→［ページ設定］グループから設定します。

B）［レイアウト］タブ→［ページ設定］グループの右下端にある ⬊「ページ設定ダイアログボックス起動ツール」をクリックします。

　①［用紙］タブ ②［余白］タブ ③［文字数と行数］タブの順に設定します。

　※［余白］タブで、用紙の縦置き・横置きも設定できます。

C）［ファイル］タブ→［印刷］からでもページ設定が行えます。

● 印刷

1．［ファイル］タブ→［印刷］で、「印刷プレビュー」画面を表示させます。

2．必要に応じて ①用紙の向き・余白などの「ページ設定」を行い、②「プリンター」③「印刷範囲」④「印刷部数」などを設定・確認します。

　※使用可能なプリンタが複数ある場合は、印刷したいプリンタの名前をあらかじめ確認しておきましょう。

3．⑤［印刷］ボタンをクリックして印刷を開始します。

印刷設定画面

第5章

提案書の作成

　本章では、これまでの章で学んだ内容を基に、SDGs に根差したボランティアを実施することをめあてとして、ワープロソフトを用いた提案書の作成を行います。

　また本章と第 7 章にかけて提案書の作成を通して基本的な「レポート作成」の方法について学びます。

　なお、提案書の文章作成にあたっては、文章の構造がより論理的で理解されやすいものとなるように、まず文章の骨組みとなるアウトラインから作成します。

〈操作の流れ〉

5-1 ボランティア企画の立案

ブレインストーミング

↓

キーワードの整理

5-2 提案書アウトラインの作成

新規文書の作成

↓

表示の変更

↓

親レベル（レベル 1）、子レベル（レベル 2）のトピック作成

5-3 ボランティア提案書の本文を作成しよう

本文レベルの作成

↓

文章の入力

↓

レイアウトの設定

↓

参考文献リストの作成

↓

文章の推敲

↓

文書の保存

5-1 ボランティア企画の立案

SDGs に根差したボランティアの企画を立てます。まずはテーマを提示した上で、皆の意見をまとめて整理しながら内容を共有できるように工夫しましょう。

■ ブレインストーミング

SDGs に根差して「自分たちに何ができるか」について話し合ってみましょう。さらに「自分たちができるボランティア」についても皆でアイデアや意見を出し合いましょう。

出た意見は、ホワイトボード、電子黒板、Zoom などを活用してまとめていきましょう。それぞれの発言はキーワードとなることばを中心にできるだけ要約した形で書き出していきます。

図 5-1-1 電子ホワイトボードで意見を書き出した例

※ Zoom のホワイトボード機能を活用

■ キーワードの整理

書き出した意見やキーワードを関連のあるものどうしを線でつないだり囲ったりして整理しながら、考えの共有や理解がしやすくなるようにまとめていきます。

図 5-1-2 電子ホワイトボードで意見を整理した例

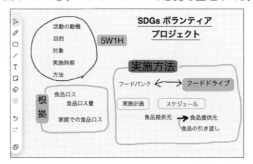

5-2 提案書アウトラインの作成

　ボランティアの提案書の文章を作成します。提案書は起案者の考えや計画などを受け手に理解させたり説得して同意させたりすることを目的とした文書です。提案主旨の理解を促すためには、まず文章構造を明確にしておかねばなりません。それにはワープロのアウトライン機能を活用するのが効率的です。

■ 新規文書の作成

ワープロソフトで新たな文書（「新規文書」）を作成します。

■ 表示の変更

　すでに第 4 章においてアウトライン機能を活用したように、アウトラインでは、文章はレベル単位で構成されます。

■ 親レベル（レベル 1）、子レベル（レベル 2）のトピック作成

　アウトラインはトピック単位でレベル 1、レベル 2…、というように段階的に階層化され、親・子・孫の関係のように構造化されます。本文レベルには本文に書き記す内容を簡潔に書き留めていきます。トピックは作成した後からも容易にレベルを変更したり、位置を前後に入れ替えたりすることが可能です。

図 5-2-1　アウトライン作成例（親/子/孫/本文レベル）

🔑 キーワード
アウトライン
トピック
階層化

💡 ヒント
文章量が多い場合、本文レベルや任意のレベルを折りたたんで一時的に隠し、文章全体を俯瞰的に把握するようにしましょう。

5-3 ボランティア提案書の本文を作成しよう ━━━━

5-2で作成したアウトラインの内容を基にして、提案書の本文を作成します。

■ 本文レベルのトピック作成・追加

アウトラインの各レベル2または3トピックの下に本文レベルのトピックを作成し、アイデアやキーワードなどを記します。

■ アウトラインの保存

作成したアウトラインを文書ファイルとして「名前を付けて保存」します。

ファイル名（例）「プロジェクト提案書OL」

図 5-3-1a　本文レベルのトピック作成例（前半）

```
はじめに
    ♣ 活動への動機
            ■ コンビニに置かれた一つの箱
                □ フードドライブ
                □ SDGs
    ♣ SDGs
            ■ SDGs とは
                □ 持続可能な開発のための 2030 アジェンダ
                □ 国連持 SDG 続可能な開発サミット
                □ 17 のゴールと 169 のターゲット
            ♣ 目標 12:「作る責任」「使う責任」
                □ SDGs の 12 番目の目標
                □ 双方で持続可能なシステムを形成していくことを自らに
                   課して活動を行うことである。
                □ 循環型の経済と社会の実現を目指す。
                □ 食品廃棄物をできるだけ削減し、食品資源を循環させる。
                □ ライフスタイルの見直しも必要。
食品ロスから食品循環へ
    ♣ 食品ロス量
            ■ 事業系食品ロス量
            ■ 家庭系食品ロス量
    ♣ 家庭での食品ロス
            ■ 単身世帯の食品ロス量
            ■ 本学全体に当てはめた食品ロス量
            ■ 食品ロスの推移（グラフ等で表示）
私たちによる食品循環「フードドライブ・サークル」プロジェクト
    ♣ プロジェクトの目的
            ■ もったいない→助け合いへ
            ■ 持続可能な食品資源サイクル
            ■ 個人から地域へ
            ■ 「フードドライブ」
            ■ 気軽に but 真面目に→サークル
            ■ フードバンク
            ■ フードシェアリング・サービス
    ♣ プロジェクトの対象
            ■ 本学学生一部有志
            ■ 本学学生全体
            ■ 本学を中心とした地域住民
            ■ さらに活動に共感してくれる人々へ
            ■ フードドライブ回収食品は被災者
```

図 5-3-1b　本文レベルのトピック作成例（後半）

```
⊕  運営方針
   ▫  スモールスタート
   ▫  組織
   ▫  プロジェクトリーダー
   ▫  調査チーム
   ▫  渉外チーム
   ▫  広報チーム
   ▫  食品収集チーム
⊕  サイクル達成へのスケジュール
   ▫  スケジュール表
   ▫  PDCA サイクル
   ▫  トライアンドエラー
⊕  循環食品提供元
   ▫  フードロス状況調査（アンケート等）
   ▫  自宅学生
   ▫  下宿学生
   ▫  アンケート結果まとめる（統計分析）
⊕  循環食品提供先
   ▫  近辺のフードバンク中心に調査
   ▫  市内フードバンク調査
   ▫  フードバンク打ち合わせ
⊕  食品の回収
   ▫  回収方法、提供可能食品、消費期限
   ▫  提供者の記録
   ▫  個人情報保護への配慮
   ▫  提供場所と日時・期間
   ▫  回収食品の保管場所・方法
⊕  広報活動
   ▫  活動の周知と啓蒙の方法
   ▫  媒体
⊕  回収食品の引き渡し
   ▫  引き渡し日時
   ▫  引き渡し方法
⊕  おわりに
   ▫  持続的な活動にするために必要なこと
   ▫  今後の課題
⊟  参考文献
```

本文レベルのトピックで文章の入力

本文レベルのトピックに本文の文章を入力していきます。

図 5-3-2　本文入力例（一部）

```
⊕  はじめに
   ⊟  提案書について
   ⊕  「フードドライブ・サークル」活動への動機
      ▫  コンビニ店頭に置かれた箱
      ▫  「フードドライブ」
      ▫
   ⊕  活動への動機
      ▫  コンビニに置かれた一つの箱
      ▫  フードドライブ
      ▫  SDGs
   ⊕  SDGs
      ⊕  SDGs とは
         ▫  持続可能な開発のための 2030 アジェンダ
         ▫  国連持続可能な開発サミット
         ▫  17 のゴールと 169 のターゲット
      ⊕  目標 12：「作る責任」「使う責任」
         ▫  SDGs の 12 番目の目標
         ▫  双方で持続可能なシステムを形成していくことを自らに課し
            て活動を行うことである。
         ▫  循環型の経済と社会の実現を目指す。
         ▫  食品廃棄物をできるだけ削減し、食品資源を循環させる。
      ⊕  ライフスタイルの見直し
         ▫  フードロス（食品ロス）
         ▫  「フードドライブ・サークル」プロジェクトの構想の動機
         ▫
         ▫  ＜後略＞
```

■「印刷レイアウト」表示で文章全体とレイアウトの確認

　表示をアウトラインから「印刷レイアウト」に切り替えてレイアウトを確認しながら、文字種や文字の大きさ、段落など、基本的な書式を設定します。

図 5-3-3 「印刷レイアウト」表示例

キーワード
参考文献リスト

■参考文献リストの作成

　文書の最後に参考にしたり引用したりした文献や、閲覧した Web ページなどに関する情報をまとめてリスト化します。（コラム：「引用ルール」参照）

キーワード
名前を付けて保存
上書き保存

■文章の推敲

　文章全体にわたって文章内容や誤字・脱字、引用方法、文章表現等を自ら複数回チェックし、わかりにくい表現や冗長な文章などがある場合は、より良い表現に修正します。

■ファイルの保存

　作成した文書を「名前を付けて保存」します。

ファイル名（例）「プロジェクト提案書本文」

操作 5-1 ワープロ文章作成操作のポイント ═══

■表示の切り替え

アウトライン表示を印刷レイアウト表示に切り替えるには下記のような方法があります。

1．［表示］タブ→［表示］グループ→［印刷レイアウト］を選択
2．ウィンドウ下部にある画面下ステータスバー右の▤をクリック
3．アウトライン表示でのリボン右端にある⊠（アウトライン表示を閉じる）をクリック

再度アウトライン表示に戻す場合は、すでに第４章で行ったように、［表示］タブ→［表示］グループ→［アウトライン］を選択して表示を切り替えます。

■書式の設定

第４章で行ったように、スタイルの設定を行いたい箇所を文字列または行単位で選択し、フォント書式や段落書式を設定・変更します。

フォント書式の設定は［ホーム］タブ→［フォント］グループの中から設定に必要な項目を選択します。または、［フォント］グループ右下の「フォントダイアログボックス起動ツール」のボタンをクリックし、表示された「フォント」ダイアログボックスの中で設定します。

フォントダイアログボックス起動ツール　　段落ダイアログボックス起動ツール

インデントや字下げなど段落書式の設定や変更は、［ホーム］タブ→［段落］グループ右下の「段落ダイアログボックス起動ツール」のボタンをクリックし、表示された「段落」ダイアログボックスの中で設定します。

■上書き保存

画面左上の▤（保存）ボタンをクリックします。

⇨［ファイル］→［上書き保存］をクリックしても上書き保存されます。

【企画書 本文完成例】

はじめに

本提案書について

　本提案書は同友学園の学生による地域食品資源循環のための社会貢献プロジェクト「フードドライブ・サークル」の活動に向けて提案するものである。

「フードドライブ・サークル」活動への動機

　過日近隣のコンビニを訪れた際、店頭で「フードドライブ」という標記の見慣れぬ箱を目にした。そして、その中には未使用の食品がいくつか入れられていた。それを見て、その箱は一体何の目的で誰のために置かれているのかが気になった。

　そこで「フードドライブ」という言葉について検索サイトなどで調べてみた。そこには「作る責任」「使う責任」さらにはSDGs等といった言葉も記されており、それらについて調べていくうちに私たちにも何かできることはないか、と考えるようになっていった。

SDGs

　SDGs（Sustainable Development Goals：持続可能な開発目標）とは、「持続可能な開発のための2030アジェンダ」の中で人類や地球の存続と発展を目指して掲げられた「国際的な目標」のことである。この目標は2015年開催の「国連持続可能な開発サミット」において全会一致で採択されている。目標の内容としては17のゴール・169のターゲットから構成されており、2030年までの達成を目指している。各加盟国はこの目標に基づいたさまざまな施策や経済活動を行うようになった。

　SDGsの12番目の目標では「作る責任」「使う責任」という2つの観点から述べられている。「作る」とは生産者側、「使う」とは私たち消費者側の観点であり、生産者と消費者の双方が並行して資源を循環できるシステムを持続可能な姿で形成していくことを目指している。

ライフスタイルの見直し

　この資源循環をフードドライブのフード、つまり食品にあてはめると、食品廃棄物すなわち「フードロス＝食品ロス」をできるだけ削減し、余った食品を無駄にせず有効利用できるように、できるだけ食品資源を循環させるということになる。そのためにはライフスタイル自体の見直しも必要になってくる。

　ライフスタイルの見直しというと一見難しいように思えるが、例えば、スーパーやコンビニで衝動買いした菓子類やレトルト等の食品が、そのまま手付かずになっていることは少なくない。そのような場合に「このまま捨ててしまうこと、すなわちフードロスにならないように、また無駄な食品を出さないようにするにはどうすれば良いか」と考え、さらに実際に行動することなどもライフスタイルを見直すことになるのではなかろうか。その

ように考えた結果として、本プロジェクト「フードドライブ・サークル」の構想へとつながっていった。

食品ロスから食品循環へ

食品ロス量

　日本全体での食品ロス（フードロス）の量、およびその中に占める事業系と家庭系食品ロスの量、それに対する事業系食品と家庭系食品リサイクル量について政府が行った調査結果が公開されている。それによると、家庭系も事業系も食品ロスは年を追うごとに減少の傾向にあるが、家庭系の食品ロスは前者に比べてやや小幅な減少となっている。

家庭での食品ロス

　それでは、実際に各家庭においてどれくらいの食品ロスが発生しているのであろうか。

　農林水産省によると世帯食における 1 人 1 日当たりの食品ロス量は 42.2g であった。これを世帯員構成別にみると、「単身世帯」が 58.2g と最も多く、次いで「2 人世帯」が 57.0g、「高齢者がいる 3 人以上世帯」が 40.6g、「高齢者がいない 3 人以上世帯」が 35.8g という調査結果が示されている。（農林水産省、2008）〈「平成 19 年度食品ロス統計調査（世帯調査）結果の概要」農林水産省、2008)〉

　上記のように 1 人 1 日の量はわずかに思えるが、これに 1 年 365 日、さらに本学学生の数を乗ずると、本学だけでも 1 年で何十トンという相当な量になる。また図 2 より直接廃棄が多いことがわかる。

私たちによる食品循環「フードドライブ・サークル」プロジェクト

プロジェクトの目的

　まずは身近な食品ロスについてお互いに気づき合い、そこを食品ロス解消への具体的な行動への動機とする。

　さらに素朴な気持ちである「もったいない」から「助け合い」という具体的な行動へと昇華させることにより、家庭などの個を中心とした行動から地域ぐるみの持続可能な食品資源サイクルへと導いていくことを目指す。

　そのために、「フードドライブ」という形態の食品資源循環方式を採用し、それを持続的に運営できる仕組みや組織として構築する。しかしあくまでも「気軽なサークル活動」をイメージさせながら組織化を進め、できるだけ多くの人が関わりやすいように配慮しながら、その一方で「真面目に」運営する。

　フードドライブとは、家庭などにおいて未消費で保管されていて消費期限まで 1 ヶ月以上残っているような可食食品を一度「フードバンク」と呼ばれる組織または場所に集め、そこから消費期限切れになって廃棄される前に未消費食品を必要としている人たちへ届ける活動である。

他の食品資源循環としては「フードシェアリング・サービス」というフードロス対策事業などもあるが、それらは主に企業中心の活動であるため、本案では扱わない。

プロジェクトの対象

次のステップを段階的に踏みながら、対象を拡大していく。

① 本学学生一部有志

② 本学学生全体

③ 本学を中心とした地域住民

④ さらに活動に共感してくれる人々へ

⑤ フードドライブ回収食品は被災者

運営方針

活動自体を持続可能にするためにも、まずはスモールスタートとしたい。形態および組織は機敏な活動が行えるように配慮し、以下のような1〜3名の構成員からなる少人数のチームを複数立ち上げる。各チームは互いに連携しながらもそれぞれの判断でトライアンドエラーと学習を繰り返しつつ活動する。

【組織（案）】

① プロジェクトリーダー

② 調査チーム

③ 渉外チーム

④ 広報チーム

⑤ 食品収集チーム

※その他、活動についての大学の許可を得るためにも本学教員に顧問としての関与を依頼し、必要に応じて指導を求めることとする。

サイクル達成へのスケジュール

PDCA サイクルを確立して持続可能な運動へとつなげる。

時にはサイクルからかけ離れた提案であっても効果的なことであるならば思い切って採用したい。また、行き詰まった場合は積極的に他者の助けを得ることも心がける。このようなトライ・アンド・エラーの精神を保ちながら失敗を恐れずにのぞみたい。

以下の各項目については、組織を立ち上げたのちに内容や方法を検討する。

循環食品提供元

食品の提供元については、収集する食品についての細やかな周知や注意喚起などが必要となるため、初めは主に本学学生を提供者とする。また、その裏付けとなる学生の食品ロスに関する状況を調査する。

① 自宅学生のフードロス状況（アンケートおよび聞き取り調査）

② 下宿学生のフードロス状況（アンケートおよび聞き取り調査）

③　アンケート結果をまとめる（統計分析を含む）

循環食品提供先

　食品の提供先については、収集した食品を必要とする人たちや施設へ食品を衛生的かつ安全に管理しながら引き渡さなければならないため、まずは本学近辺のフードバンクとする。学費を自身で賄っている生活困窮学生などについては支援の一環から、希望学生への提供も今後教員と相談しながら検討する。また、次の活動も併せて行う。

①　市内フードバンクの状況調査

②　フードバンクとの打ち合わせ

食品の回収について

　フードバンクとの打ち合わせにおいては、食品提供に関する下記の項目について検討する。

①　回収および提供

②　可能食品と消費期限

③　提供者の記録

④　個人情報保護への配慮

⑤　提供場所と日時・期間

⑥　回収食品の保管場所・方法

　なお、回収食品は現時点で公開されている「フードドライブ実施の手引き」（環境省、2022）を基にルールを設け、以下の条件をすべて満たすものとする。

・常温保存可能

・未開封かつ包装が破損していない

・賞味期限まで 40 日以上（引き渡し時点で 1 ヶ月以上）

・商品説明が日本語表記

広報活動

　まずは本学学生に対して広く活動を周知するとともに、フードロスとフードドライブに関する啓蒙のために広報を行う。その際、フードバンクと連携して行うかについても協議する。

①　活動の周知と啓蒙の方法

②　媒体

③　告知期間

回収食品の引き渡し

①　引き渡し日時

②　引き渡し方法

おわりに

　本提案の最も重要な目的は、私たちの気づきを通して、さらに周りの人へとその気づきを波及させていくことにある。そして、その気づきを行動に移し、持続的な活動へとつなげていくために必要な方法を策定した。

　組織づくりと地域のフードバンクとの連携という大きな枠組みをまずはサークル化し、そこからより具体的な行動方針へと落とし込んでいく予定である。まだまだ気づきの足りない部分や経験の少なさから来る不備も多いとは思われるが、臆することなくトライ・アンド・エラーの精神で実現に向けて有志一同一致団結して進めていきたい。

参考文献・引用文献

１．環境省「我が国の食品ロスの発生量の推計値（令和２年度）の公表について」環境省、2020、https://www.env.go.jp/press/111157.html、（参照 2023-5-12）

２．農林水産省「平成19年度食品ロス統計調査（世帯調査）結果の概要」農林水産省、2008、https://www.maff.go.jp/j/study/syoku_loss/02/pdf/ref_data3.pdf、（参照 2023-5-12）

３．環境省「令和３年度食品廃棄物等の発生抑制及び再生利用の促進の取組に係る実態調査報告書」環境省、2022、https://www.env.go.jp/content/000062142.pdf、（参照 2023-5-12）

４．環境省「フードドライブ実施の手引き」環境省、2022、https://www.env.go.jp/content/900518625.pdf、（参照 2023-5-19）

５．国民生活センター「フードドライブと食品ロス削減」、国民生活センター、2022、https://www.kokusen.go.jp/wko/pdf/wko-202210_04.pdf、（参照 2023-5-19）

第6章

情報の整理と分析

　　第3章で調査した結果として集めたデータをまず整理しておきましょう。データは集めるのみならず、まず整理したうえで活用することによって価値を持つようになります。また、主張の根拠となるようなより効果的なデータ活用のためには、分析を行ってさらに説得力をもたせることも大切です。

　　ここでは、表計算ソフトを用いたデータの整理や基礎的なデータの分析を行ってみましょう。

〈操作の流れ〉

6-1 データの整理

表の作成
↓
ファイルの保存
↓
新規ワークシートの作成

6-2 計算式と関数の入力

計算式の入力
↓
関数の入力

6-3 グラフでの表現

棒グラフの作成
↓
折れ線グラフの作成

6-4 基礎統計量

集団
↓
代表値
↓
散布度
↓
標準化

Excel のアイコン

キーワード
ブック

ワークシート

セル

列・行

キーワード
セルのサイズ

列の幅

罫線

セルの書式設定

ヒント
列の幅や文字のサイズ、文字揃えなどを変更して、より見やすい表になるように工夫しましょう。

6-1 データの整理

集めたデータを分かりやすく、さらには活用しやすくするため、データを取捨選択したり、より読み取りやすい表の形にしたりしながら整理します。

表の作成

Excel を起動し、新規にブックを作成します。

新規に開いたワークシートに第3章「情報の収集と活用」で参照した環境省 Web サイトから「我が国の食品ロスの発生量の推計値（令和2年度）」のデータを新規 Excel ファイルのワークシートに入力して表を作成します。

| URL | https://www.env.go.jp/press/111157.html |

図 6-1-1 を参照しながら、表「**食品ロスの発生量**」を作成しましょう。

A列には「**年度**」、B列には「**うち事業系**」、C列には「**うち家庭系**」の項目データを入力します。

2行目には項目名として「**事業系**」「**家庭系**」として入力し、3行目以降に各項目の数値を入力して表を完成させます。

図 6-1-1　表「食品ロスの発生量」作成例

	A	B	C	D
1	食品ロスの発生量			(単位：万トン)
2		事業系	家庭系	
3	平成24年度	331	312	
4	平成25年度	330	302	
5	平成26年度	339	282	
6	平成27年度	357	289	
7	平成28年度	352	291	
8	平成29年度	328	284	
9	平成30年度	324	276	
10	令和元年度	309	261	
11	令和2年度	275	247	

ファイルの保存

保存する前にワークシート名を「**食品ロス発生量**」に変更したうえで［名前を付けて保存］します。

ファイル名（例）「食品ロス発生量推移」

操作 6-1 Excel での表の作成

▣ セルへのデータの入力

● 日本語の入力とアクティブセルの移動

1. 日本語入力ができるように [半角/全角] キーを押して切り替えます。

2. A1 のセルにタイトルを入力後、[Enter] キーでセルへの入力を確定します。（同時にアクティブセルが A2 に移ります。）

3. [→] キーか [Tab] キーで B2 のセルに移行し、入力を確定します。

4. 横の移動は、入力後、[→] キーか [Tab] キーで確定すると操作を効率的に行えます。同じく B3 のセル、D1 のセルの順で入力します。

5. A 列の項目は、A3、A10 セルのみ入力し、その下の空欄は「オートフィル機能」でコピーします。

● オートフィルで入力する

　連番などの数列や、隣接したセルをマウスのドラッグで複製する機能を「オートフィル」といいます。オートフィルは、まず元になるセルをアクティブにしたうえで、選択されたセルを囲っている太線の右下にある ■（フィルハンドル）をポイントし、ポインタが ＋（フィルポインタ）の形になったら、コピーしたい方向へドラッグします。列方向へはフィルハンドルのダブルクリックでもコピーできます。

1. A3 セルをアクティブにし、右下のフィルハンドルを A9 セルまでドラッグします。

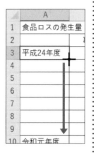

　　規則的な数列として連続した数値が入力できます。
　　※数字以外では、曜日や月名などもオートフィルで規則性をもった連続的データとして入力可能。数字のみ数列は、コントロールキーを押しながらドラッグするか、ドラッグの後にオートフィルオプションで指定する。

2. A10 セルをアクティブにし、フィルハンドルを A11 セルまでドラッグすると、セルがコピーされます。

● 編集状態にして部分的に修正する

　Excel はすでに入力してあるセルにそのまま入力すると、前に入力されていたデータは消されて上書きされます。一部分のデータを修正する場合は、セルをダブルクリックするなどして編集状態にしてから部分的に修正します。

⇨セルの場所を表すアルファベットと数字は、セル番地ともいい、アルファベットを「列番号」、数字を「行番号」といいます。
最近のバージョンのExcel では、1 シートが行数：1048576 行
列数：16384 列（XFD 列）あります。

⇨操作の対象になっているセルをアクティブセルと呼びます。

⇨セルからセルへの移動は、[↑][↓][→][←] のカーソルキーか、下方向なら [Enter] キー（設定で変更できます）、右方向へは [Tab] キーでも移動できます。各移動操作と同時にセルの入力が「確定」されます。

⇨オートフィルオプションは、オートフィル実行後に出てくるアイコンです（下図丸四角枠内）。書式あり・なしなどの設定も行えます。

■新規ワークシートの作成

　新たなワークシートを作成し、表「家庭系食品廃棄物食品ロス平均割合の推移」を作成します。（図 6-1-2）

　データは「第 3 章　情報の収集と活用」で保存した資料「令和 3 年度　食品廃棄物等の発生抑制及び再生利用の促進の取組に係る実態調査」の P.19「図表 40　食品廃棄物に占める食品ロスの平均割合の推移」から引用して用います。

図 6-1-2　表「家庭系食品廃棄物食品ロス平均割合の推移」

	A	B	C	D	E	F	G	H	I	J
1	家庭系食品廃棄物に占める食品ロスの平均割合の推移									(単位：%)
2		平成 24 年度	平成 25 年度	平成 26 年度	平成 27 年度	平成 28 年度	平成 29 年度	平成 30 年度	令和元年度	令和 2 年度
3	直接廃棄	12.4	12.1	10.4	9.9	10.8	12.5	12.6	14.1	14.4
4	過剰除去	10.1	10.7	11.1	10.7	11.4	8.3	7.4	5	4.4
5	食べ残し	12.3	11.8	12.4	13.4	13.4	14.1	15.1	14.1	13.6

■表のコピーと貼り付け

　「食品ロス発生量」のワークシートから A2 ～ A11、C2 ～ C11 のセルのデータをコピーして上表の A2 以降に貼り付け、表「家庭系食品ロス発生量の推移」を作成します。（図 6-1-3）

図 6-1-3　表「家庭系食品ロス発生量の推移」

	A	B	C	D	E	F	G	H	I	J
7	家庭系食品ロス発生量の推移									(単位：万トン)
8		平成24年度	平成25年度	平成26年度	平成27年度	平成28年度	平成29年度	平成30年度	令和元年度	令和 2 年度
9	家庭系	312	302	282	289	291	284	276	261	247
10										
11	食品廃棄物に占める食品ロス発生量内訳の推移									(単位：万トン)
12		平成 24 年度	平成 25 年度	平成 26 年度	平成 27 年度	平成 28 年度	平成 29 年度	平成 30 年度	令和元年度	令和 2 年度
13	直接廃棄	38.688	36.542	29.328	28.611	31.428	35.5	34.776	36.801	35.568
14	過剰除去	31.512	32.314	31.302	30.923	33.174	23.572	20.424	13.05	10.868
15	食べ残し	38.376	35.636	34.968	38.726	38.994	40.044	41.676	36.801	33.592

6-2　計算式と関数の入力

　別のセルの値や関数を用いて計算式を入力し、結果を表示させます。

■計算式の入力

　下の①～③の手順で A2 からの表「家庭系食品ロス発生量の推移」の値（%）と A8 からの「食品廃棄物に占める食品ロス発生量内訳の推移」の値（万トン）をもとに A14 以降に表「食品廃棄物に占める食品ロス発生量内訳の推移」を作成します。操作内容としては B9 ～ J9 の値を B3 ～ J3、B4 ～ J4、B5 ～ J5 の各値に掛け合わせて割合を量に変えます。
　①　まずセル B13 に B9 の直接廃棄の発生量の値を B3 の直接廃棄の割合の値に掛け合わせ、「数量」とするための数式を入力（割合の値が%であることに注意）。〈数式例：=B9*B3/100〉

🔑 キーワード
行/列の入れ替え

🖊 重要ポイント
ファイルを適宜［上書き保存］するようにしましょう。

🖊 重要ポイント
＋…　+
－…　-
×…　*
÷…　/

セルを**編集可能な状態**にするためには以下のような方法があります。

A）セル内をダブルクリックしてカーソルを表示する

B）数式バーの文字列上をクリックしてカーソルを表示する

C）F2 キーを押してセルの最後にカーソルを表示する

1．A11 セルの「元」と「年」の間でダブルクリックし、カーソルを表示させます。

2．半角入力にしてから、「2」と入力し、確定します。

3．数値データを入力します。入力した数字はセル内で右寄せされます。

■ ワークシートの操作

1．ワークシート名をダブルクリックすると、ワークシート名を変更できます。新たなワークシート名を入力後、エンターキーで確定します。

2．右端のシートタブの右にある ⊕ をクリックすると、選択されているシートの**右側**に新たなシートが作成されます。

3．シートの順序はシートタブをドラッグして入れ替えることができます。

4．シートのコピーは、Ctrl キーを押しながらシートタブをドラッグします。

5．不要なシートは、シート名を右クリックして［削除］を選択します。ワークシート上にデータがある場合は、確認を促すダイアログボックスが表示されますが、そのまま［削除］をクリックして削除します。
　※白紙のシートはそのまま削除されます。いったんシートを削除したら、［元に戻す］でやり直すことができません。

■ セルのデータのコピーと貼り付け

1．コピーしたいセルを選択します。（連続したセルの場合はドラッグします）

2．［ホーム］タブ→［クリップボード］グループ→［コピー］アイコンをクリックします。（または、**右クリック**→［コピー］や Ctrl + C）

3．貼り付けたいセルの先頭をクリックします。

4．［ホーム］タブ→［クリップボード］グループ→［貼り付け］をクリックするか、右クリック→［貼り付け］を選択、またはキーボードから Ctrl + V を入力します。

⇨画面の上部にある長い枠を数式バーと呼び、数式が入力されているときは式が表示されます。

⇨数字や四則演算記号はテンキーボードから入力するのが効率的です。

⇨ワークシートは略して「シート」と呼ぶことがあります。

⇨シート名に使えない半角記号があります。
【例】：＊／空白など

⇨シート見出し部分に色をつけることができます。
シート名を**右クリック**→［シート見出しの色］から任意の色をクリック

⇨ドラッグ＆ドロップで行う場合は、選択セルの枠線をドラッグします。（第1章参照）

② B13のセルを絶対参照でコピーするために数式の「B9」の部分のみ選択してキーボードから「F4」キーを押し、「=B$9*B3/100」とする。

③ B13の列を表全体のセルにコピーする。（B13をB15までオートフィルでコピーし、さらにB13～B15をJ列までコピー）

キーワード
オートフィル

キーワード
相対参照

絶対参照

F4ファンクションキー

重要ポイント
相対参照のコピーで数式の一部引数がずれて正しい数式にならない場合、当該引数を絶対参照に指定します

重要ポイント
合計を求める関数
SUM

図 6-2-1　表「食品廃棄物に占める食品ロス発生量内訳の推移」完成例

	A	B	C	D	E	F	G	H	I	J
1	家庭系食品廃棄物に占める食品ロスの平均割合の推移									(単位：%)
2		平成24年度	平成25年度	平成26年度	平成27年度	平成28年度	平成29年度	平成30年度	令和元年度	令和2年度
3	直接廃棄	12.4	12.1	10.4	9.9	10.8	12.5	12.6	14.1	14.4
4	過剰除去	10.1	10.7	11.1	10.7	11.4	8.3	7.4	5	4.4
5	食べ残し	12.3	11.8	12.4	13.4	13.4	14.1	15.1	14.1	13.6
6										
7	家庭系食品ロス発生量の推移									(単位：万トン)
8		平成24年度	平成25年度	平成26年度	平成27年度	平成28年度	平成29年度	平成30年度	令和元年度	令和2年度
9	家庭系	312	302	282	289	291	284	276	261	247
10										
11	食品廃棄物に占める食品ロス発生量内訳の推移									(単位：万トン)
12		平成24年度	平成25年度	平成26年度	平成27年度	平成28年度	平成29年度	平成30年度	令和元年度	令和2年度
13	直接廃棄	38.688	36.542	29.328	28.611	31.428	35.5	34.776	36.801	35.568
14	過剰除去	31.512	32.314	31.302	30.923	33.174	23.572	20.424	13.05	10.868
15	食べ残し	38.376	35.636	34.968	38.726	38.994	40.044	41.676	36.801	33.592
16										
17	出典1：令和3年度食品廃棄物等の発生抑制及び再生利用の促進の取組に係る実態調査									
18	出典2：「我が国の食品ロスの発生量の推計値（令和2年度）の公表について」（環境省）									

関数の入力

ワークシート「食品ロス発生量」を開き、下の①～②の手順で「事業系」と「家庭系」両方の値を足した値を「合計」としてD列に入力します。

① セルD3にセルB3とセルC3を合計する式を入力します。〈数式例：=SUM(B2:C3)〉

② セルD3をセルD11までオートフィルでコピーします。

図 6-2-2　表「食品ロスの発生量」完成例

	A	B	C	D
1	食品ロスの発生量		(単位：万トン)	
2		事業系	家庭系	合計
3	平成24年度	331	312	643
4	平成25年度	330	302	632
5	平成26年度	339	282	621
6	平成27年度	357	289	646
7	平成28年度	352	291	643
8	平成29年度	328	284	612
9	平成30年度	324	276	600
10	令和元年度	309	261	570
11	令和2年度	275	247	522

キーワード
凡例

グラフ要素

軸ラベル

プロットエリア

6-3 グラフでの表現

データを視覚的かつ直感的に理解できるように表すため、グラフを作成します。

　ここでは、①コピーしたいデータが複数あるうえにセルどうしが離れている　②縦方向と横方向を入れ替えて貼り付ける、という操作なので、コピー元の複数セルをまとめてコピーし、行と列を入れ替えて貼り付けます。

１．「食品ロス発生量」シートの A2：A11 をドラッグして連続的に選択した後、[Ctrl] キーを押しながら離れたセルの C2：C11 を連続で選択します。

２．コピー操作を行います。

３．ワークシート「食品廃棄物に占める食品ロス発生量内訳の推移」に切り替えてから A8 セルをアクティブにし、[ホーム] タブ→ [貼り付け] →行/列の入れ替え] アイコンをクリックします。

⇨操作説明文中の「：」は「～から～まで」という連続したセルの範囲を表しています。

■計算式、関数の入力

　数式の入力は、日本語入力を解除した状態（半角入力）で行います。四則演算記号などは次のとおりです。※「＝」「（）」なども数値扱い

⇨数式も数値と同じ扱いで、セルの中で右寄せされます。

演算の種類	記号（読み方）	使用法
足し算	＋（プラス）	＝ A2＋A3
引き算	－（マイナス）	＝ A2－A3
掛け算	＊（アスタリスク）	＝ A2＊A3
割り算	／（スラッシュ）	＝ A2／A3
べき乗	＾（ハットマーク、キャレット）	＝ A2＾A3

⇨式の中に、直接数値を入力するほか、セル番地を入力する「セル参照」では、参照されるセル内の数値で計算されます。セル参照を使用した計算式では、参照元のセルの値が変更されて確定されると同時に、計算結果が表示されたセルの値も自動的に再計算されて変更されます。

　関数は、セルや数式バーにキーボードからタイプしたり、[関数の挿入] から選択したりして入力できます。最も使用頻度の高い「SUM」関数はアイコンをクリックするだけで入力することも可能です。それには、まず計算結果を表示させたいセルを選択し、[ホーム] タブ、もしくは [数式] タブにある「オート SUM」の Σ をクリックした後で合計する範囲を選択し、[Enter] キーで確定すると、はじめに選択したセルに計算結果が表示されます。

⇨「引数」を入力する場合、マウス操作でのセル選択も使用できます。

■罫線、書式設定

１．ワークシート「食品ロス発生量」に切り替えます。

２．A2：C11 の複数セルを選択します。

３．罫線アイコンの 田 をクリックして格子を選択します。

４．A2：C2 の複数セルを選択します。

５．中央揃え ≡ アイコンをクリックし、塗りつぶしアイコン の隣の ▼ から、プルダウンメニューを表示し、任意の色をクリックします。

⇨数式バーで一部の文字を選択すると、セル内で部分的にフォント書式を変えられます。

■ 棒グラフの作成

「食品ロスの発生量」の「事業系」と「家庭系」のデータから下の①〜⑤の手順で「**積み上げ縦棒**」のグラフを作成します。（図6-3-1）

① A2 〜 C11 のセルを選択し、「**積み上げ縦棒**」のグラフを挿入。

② グラフタイトルを「**食品ロスの発生量**」と入力。

③ 凡例を右に移動。

④ グラフの縦軸に「（**万トン**）」の軸ラベルを追加。

⑤ 必要に応じてグラフタイトルやグラフ要素の文字の大きさ（フォントサイズ）、軸ラベルの書式、プロットエリアの大きさ等を設定。

図 6-3-1 「食品ロスの発生量」棒グラフの完成例

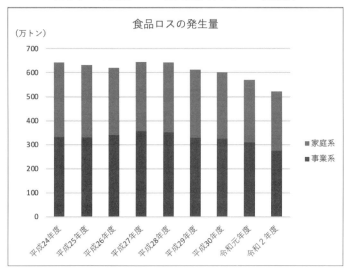

■ 折れ線グラフの作成

ワークシート「食品廃棄物に占める食品ロス発生量内訳の推移」の「食品廃棄物に占める食品ロス発生量内訳の推移」のデータから下の①〜③の手順で折れ線グラフを作成します。最後にファイルの上書き保存をしておきましょう。（図6-3-2）

① 凡例を右に移動。

② 各折れ線にマーカーを付加。

③ 各項目の区別ができるようにマーカーの形を変更。

④ グラフの縦軸に「（**万トン**）」の軸ラベルを追加。

⑤ 必要に応じてグラフタイトルやグラフ要素の文字の大きさ（フォントサイズ）、軸ラベルの書式、プロットエリアの大きさ等を設定。

操作 6-2 Excel におけるグラフの作成

■グラフ表現

グラフ作成の手順は以下のとおりです。

1. グラフ化するデータが入ったセルをドラッグして選択します。離れたセルの選択は Ctrl キーを押しながら選択します。

2. ［挿入］タブ→［グラフ］グループから、目的に合うグラフを選択し、グラフのレイアウトをクリックして選択します。

［挿入］タブ−［グラフ］グループのアイコン

※ブックのウィンドウ中央付近にグラフが挿入されます。

3. グラフエリア内の何もグラフ要素がない空白部分をドラッグして、グラフを移動します。

4. 移動が終わったら、右下のハンドルをポイントし、ポインタが斜めの矢印の形になったらドラッグしてグラフの大きさを変更します。

5. グラフエリアが選択されていると表示される［グラフツール：デザイン］タブでグラフスタイル等の設定を行います。

6. グラフ要素の設定は、各要素をダブルクリックするか、各要素を右クリック→［○○の書式設定］等の操作でグラフの書式設定ウィンドウを表示させた上で変更します。グラフ横の 田 ［グラフ要素］アイコンをクリックすることでも行えます。

■棒グラフの作成

データの大小の比較を表現する場合、一般に棒グラフを使用します。

選択範囲が矩形になるように、必要な部分を選択してグラフを作成し、グラフを配置する場所やグラフの大きさを整えます。

●グラフ要素の変更

1. 「グラフタイトル」は、タイトル部分を選択して文字を入力した後、確定します。

2. グラフ横の［グラフ要素］アイコンをクリックし、［凡例］をポイントして［右］をクリックします。再度［グラフ要素］をクリックして閉じます。

⇨「グラフエリア」とは、グラフを作成された直後、バウンディングボックスで囲まれたグラフ全体のことをいいます。

⇨「グラフエリア」をはじめ、グラフはいろいろな要素で構成されています。

⇨グラフエリアの位置と大きさを変更する場合、効率よく操作するには、位置、大きさの順に行うのが一般的です。

⇨グラフエリアを枠線ぴったりに配置・拡大縮小するには Alt キーを押しながら行います。

⇨グラフエリアのサイズの調整は数字入力でも行えます。

⇨グラフ要素の変更に順番はありません。

図6-3-2 「食品廃棄物に占める食品ロス発生量内訳の推移」折れ線グラフの完成例

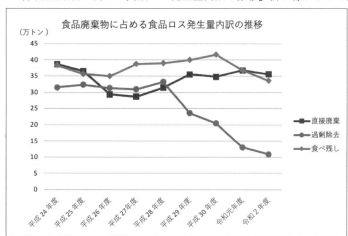

目的やデータに見合った最適なグラフは、主張の根拠となり説得力を高めます。したがって、何を明らかにしたいのか、何を表現したいのかという目的やデータの内容、種類などに基づいてグラフを選択、作成するようにします。

グラフには他にも円グラフ、散布図、レーダーチャートなどさまざまな種類のグラフがあります。

表6-3-1　その他のグラフの種類と目的（例）

種　類		目　的
円グラフ		構成要素の割合
散布図		2項目の分布（相関関係）
レーダーチャート		複数項目の比較（バランス）

6-4 基礎統計量

データを客観的に把握し、その特性を見極めるためにさまざまな統計的分手法が用いられます。その中で最も基本的な手法が基礎統計量の算出です。ここではまず新規ワークシートを作成し、表6-4-1の内容を入力します。そのうえで、あるコンビニの店舗の1日あたりの食品廃棄量について調査した一部データを基に、「平均」「最大値」「最小値」「中央値」を求めます。

ヒント
「一部データ」となっていることに注意。

3．グラフが選択されていると表示される［グラフツール］の［デザイン］タブから［グラフ要素］→［軸ラベル］→［第1縦軸］をクリックして軸ラベルを追加し、さらに［その他のオプション］をクリックします。

［軸ラベル］内の文字列をドラッグし、入力確定します。

画面右側の「軸ラベルの書式設定」ウィンドウ画面で、「文字のオプション」で縦書きに変更し、軸ラベルの枠線をドラッグして位置を調整します。

⇨グラフ要素の追加は、［グラフツール：デザイン］－［グラフ要素の追加］でも行えます。

　　　「凡例」の移動　　　　　「軸ラベル」の書式設定ウィンドウ

⇨グラフ要素の書式設定ウィンドウは、要素によって表示される項目が異なります。

4．各要素の大きさなどを調整します。

文字などの要素は［ホーム］タブでサイズを変更します。

プロットエリアは選択して、ハンドルをドラッグしてサイズを変更します。

⇨プロットエリアとは、グラフ部分そのもので、軸のないところでクリックします。

■ 折れ線グラフの作成

データの推移を表現するには折れ線グラフを用いるのが一般的です。

マーカーの有無は作成時点で選びますが、あとで追加するには、［データ系列］の書式設定から追加変更します。

1．「データ系列」を右クリック→［データ系列の書式設定］をクリックします。

2．「データ系列の書式設定」ウィンドウで、「マーカーのオプション」の設定を行い、「なし」から「組み込み」に変更します。

⇨「データ系列」はプロットエリア内の、棒グラフなら「棒」部分、折れ線グラフなら「線」部分です。

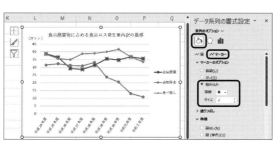

データ系列の書式設定ウィンドウ

さらに、各コンビニにおいて店舗間のばらつきの度合いに違いがあるのかを比較するために廃棄量の「偏差平方和」「分散」「標準偏差」等を求めます。（表6-4-2）

表 6-4-1　コンビニ店舗毎の 1 日の食品廃棄量

(kg/日)

A 社	B 社	C 社	D 社
59.6	62.3	13.8	28.5
50.9	44.4	41.3	43.9
17.3	64.2	78.0	23.2
87.2	62.1	61.9	28.5
31.0	94.4	50.1	89.4
60.3	41.6	41.3	30.2
91.2	18.5	37.5	80.9
67.6	72.1	11.6	7.8
32.0	102.7	81.5	97.7
41.9	85.1	61.1	20.7
19.5	28.0	52.1	65.9
54.9	35.8	26.6	99.1
57.7	77.7	55.7	84.9
44.1	33.6	82.0	74.5
60.5	64.5	68.3	54.7
37.8	69.9	22.2	40.0
22.6	97.2	31.9	20.0
46.0		26.4	14.2
		65.4	74.1
			65.5

※上表データは本章演習のために作成したものです。

集団

同じ属性のもとに集めたデータの集まりを「集団」と呼びます。ここでは調査したデータの集まりを「集団」として扱っています。

また、アンケート調査や特定の被験者に対する実験データのように一部の抽出されたデータを集団として扱うことが多いですが、そのような「集団」を「標本集団」または「サンプル集団」と呼びます。それに対して、全数調査や全体を想定あるいは推測した集団を「母集団」と呼びます。（図6-4-1）

本章ではこのように調査したデータの集まりを「集団」として扱っています。

操作 6-3 Excel における統計関数の利用

◼️ 表の入力、書式設定等の復習

1．日本語の項目名を先に入力します。

　A1・・・タイトル、D2・・・単位、表は A3 から右へ

2．罫線や塗りつぶし等の書式を任意に設定します。

3．数値部分を選択して、［ホーム］タブ→［数値］グループの［小数点以下表示桁数を増やす（減らす）］ボタンで、桁数を整えます。

表示形式でよく使うアイコン群

◼️ 統計関数の選択と引数の入力

1．左端に列を追加します。列番号「A」を右クリック→［挿入］をクリック

	A	B	C	D	E
1		コンビニ店舗毎の1日の食品廃棄量(kg/日)			
2					(千円)
3		A社	B社	C社	D社
4		59.6	62.3	13.8	28.5
5		50.9	44.4	41.3	43.9
6		17.3	64.2	78.0	23.2
7		87.2	62.1	61.9	28.5
19		37.8	69.9	22.2	40.0
20		22.6	97.2	31.9	20.0
21		46.0		26.4	14.2
22				65.4	74.1
23					65.5
24					
25	平均				
26	最大				
27	最小				
28	レンジ（範囲）				
29	中央値				
30	個数				
31	母分散				
32	不偏分散				
33	母標準偏差				
34	不偏標準偏差				

2．統計量（基礎統計量）の名称を先に入力します。

　A25：A34・・・各項目

3．罫線や塗りつぶし等の書式を任意に設定します。

4．B 列に A 社のデータ（B4：B23）を使用して、それぞれの数式、関数を入力します。

　レンジは最大値から最小値を引いた差の値です。

⇨数値は半角/英数で入力します。小数点1位が「.0」となっているセルは、そのまま入力しても小数点以下が表示されない、または自動的に表示される（小数点以下第1位の桁までの表示設定の場合）ため、「.0」は省略して整数のみ入力します。

⇨数式の範囲選択は一般に値を含むセルが対象ですが、今回は 23 行目までの空のセルを含む範囲です。オートフィルでコピーをした後、範囲の変更が必要なくなるためです。

図 6-4-1　母集団と標本集団の関係

母集団

標本集団

　集団の特徴を値で表すことができます。その際に用いるのが「**基礎統計量**」です。基礎統計量には大きく分けて「代表値」「散布度」の２種類があります。

図 6-4-2　基礎統計量の中の代表値と散布度

基礎統計量 ── 代表値
　　　　　 └─ 散布度

■ 代表値

　集団の中心的な傾向（特徴）を一つの値で表した基礎統計量が「**代表値**」です。代表値には「平均」「最大値」など日常的によく使用するものがあります。

　下の①～②に基づいて代表値を求めましょう。

① 各社食品廃棄量の**平均**、**中央値**について Excel 関数を用いて求める。

平均 <AVERAGE>　　　中央値 <MEDIAN>

② 各社食品廃棄量の**最大値**、最小値について Excel 関数を用いて求めた後、各年度の**レンジ**を求める。また、データの個数も求める。

最大値 <MAX>　　最小値 <MIN>　　個数 <COUNT>

レンジ（範囲）（最大値と最小値の差を求める数式を入力）

■ 散布度

集団でのデータのばらつきを表す基礎統計量が「**散布度**」です。

下の①～②に基づいて散布度を求めましょう。

① 各社食品廃棄量の**偏差平方和**についてExcel関数を用いて求める。

偏差平方和 <DEVSQ>

🖋 重要ポイント
複数の集団間のばらつきの程度を比較する場合、偏差平方和では不都合がある場合があります。それはどのような場合か考えてみましょう。

5．AVERAGE 関数、MAX 関数、MIN 関数、COUNT 関数は、オート
　SUM のメニューからも入力できます。

● よく使われる関数（Σ（オートサム）ボタンのメニューより）

関数名（読み方）	計算結果	関数名（読み方）	計算結果
AVERAGE（アベレージ）	平均	MAX（マックス）	最大値
COUNT（カウント）	数値の個数	MIN（ミニマム）	最小値

　そのほかの関数は、数式バーの左端 fx をクリックするか、［数式］
タブ→［関数ライブラリ］グループの該当するカテゴリーから選択し、
関数ダイアログボックスで、引き数をそれぞれ入力します。

　ここで扱う関数はすべて統計関数なので、［関数ライブラリ］で［統
計］に分類されたメニュー項目から選択して使用することもできます。

● 統計関数の使用

1．［数式］タブ→［関数ライブラリ］グループ→［その他の関数］→［統
　計］から、該当する関数を選択します。

⇨関数の引数となる
範囲の選択は、通常
はデータのある部分
だけですが、ここで
は23行目までを設
定します。

2．B列の式がすべて入力できたら、表示桁数などを整えます。

3．B25:B35 を選択して、その部分をもとに右に4列、オートフィル
　でコピーします。

	A社	B社	C社	D社
平均	49.0	62.0	47.8	52.2
最大	91.2	102.7	82.0	99.1
最小	17.3	18.5	11.6	7.8
レンジ（範囲）	73.9	84.2	70.4	91.3
中央値	48.5	64.2	50.1	49.3
個数	18	17	19	20
母分散	414.80	598.13	467.47	850.25
不偏分散	439.20	635.51	493.44	895.00
母標準偏差	20.37	24.46	21.62	29.16
不偏標準偏差	20.96	25.21	22.21	29.92

② 各社食品廃棄量の**分散**、**標準偏差**について Excel 関数を用いて求める。なお、双方とも母集団と標本集団とした場合について求める。

母分散 <VAR.P>　　不偏分散 <VAR.S>

母標準偏差 <VAR.P>　　不偏標準偏差 <VAR.S>

※一般に、標本集団の分散は母集団の分散と比べて偏りがあることから、標本集団の分散は、偏りを補正して母集団の分散が推定できる「不偏分散」を用います。

表 6-4-2　基礎統計量分析例

	A 社	B 社	C 社	D 社
平均	49.0	62.0	47.8	52.2
最大	91.2	102.7	82.0	99.1
最小	17.3	18.5	11.6	7.8
レンジ（範囲）	73.9	84.2	70.4	91.3
中央値	48.5	64.2	50.1	49.3
個数	18	17	19	20
母分散	414.80	598.13	467.47	850.25
不偏分散	439.20	635.51	493.44	895.00
母標準偏差	20.37	24.46	21.62	29.16
不偏標準偏差	20.96	25.21	22.21	29.92

■ 標準化

　異なる集団や種類の値を比較する場合、データのばらつき度合いが異なり値のもつ重みが異なるので、単純に値や偏差だけを見て比べることはできません。そこでばらつきを含めて比較する手法が「**標準化**」です。例えば、科目が異なったり地域が異なったりする者どうしでテストの成績を比較する場合などに使用する標準化の一つに**偏差値**があります。

偏差値＝ 10 ×（各データ － 平均）÷標準偏差＋ 50

第7章

提案書の完成

本章では、第5章で作成した提案書の本文を基に図版や表などを配置したうえでレイアウト等を設定し、提案書を完成させます。

この章では、提案書の作成を通して情報の正確な伝達と理解を促す表現方法についてワープロソフトの応用的な活用を通して学びます。

ワープロソフトのさまざまな機能の活用に際しては、それぞれのソフトの製品仕様の差異に伴って操作内容が異なることもあるため、細かい操作方法の習得にこだわるのではなく、作業の流れや目的に応じてどのような機能を用いたり組み合わせたりするのか、というようなより高次な視座から取り組むようにしましょう。

〈操作の流れ〉

7-1 提案書レイアウトの設定

段組、文字リスト、書式等の設定

ヘッダーとフッター

ページ番号の設定

7-2 図表の挿入

グラフ、図、表の挿入
図表番号の設定

7-3 レポートの完成

脚注の設定
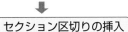
セクション区切りの挿入

表紙データの入力

目次の作成

文章の推敲とレイアウトの確認
文書の印刷

7-1 提案書レイアウトの設定

　受け手の立場から見やすく理解しやすい提案書となるように文書レイアウトを設定します。

■保存した文書を開く

第5章で作成して保存した**提案書本文**の文書ファイルを開きます。

■段組みの設定

　ページの文章を左右2段に分けて配置します。

■文字数と行数、余白の設定

　文書の基本的なレイアウトの設定を行います。レポートや論文の作成では、各行の横に配置する文字数と1ページに表示される行数、さらにはページの余白の幅などの文書様式を指定されていることがあります。その場合、指定された様式に正しく合わせた設定にします。余白の幅は文字単位やmm単位で指定できます。

図 7-1-1　段組み設定された表示例

図 7-1-2　文字数と行数、余白の設定

■段落書式の設定

　段落での行と行の**間隔**や**インデント**、タブなどの書式を設定します。一般には、日本語文章での段落頭は1文字分の**字下げ**を設定します。また、文章左右端の位置などが指定されている場合も設定しておきます。

🔑 キーワード
インデント

タブ

💡 ヒント
インデントの設定は文字数やmmといった単位で間隔を指定できます。数字は半角で入力します。

操作 7-1 提案書レイアウトの設定

■ 書式の確認

1．Word を起動し、第 5 章で作成したファイルを開きます。
2．次の書式が整っているか確認します。
 - ［見出し 1］フォント：MS ゴシック・12pt
 - ［見出し 2］フォント：MS ゴシック・10.5pt、字下げ：1 字
 - ［本文］フォント：MS 明朝・10.5pt、左インデント：1 字、
　　ぶら下げ：1 字

■ 文字書式の設定とスタイル

　文章量が多い文書の場合、フォント書式や段落をその箇所ごとに設定するのは大変ですが、「スタイル」を用いて書式や段落の設定を効率化できます。

　アウトラインモードで入力した段落は、見出しの書式が初期設定されていますが、自分で書式をよく確認したうえで、適宜改めて書式を設定します。

　スタイルを設定する段落内にカーソルを置き、［ホーム］タブ→［スタイル］グループの設定したい文字スタイルをクリックして選択します。

■ 段組みの設定

1．段組みを設定したい部分を選択します（ただし、ここでは文書全体への適用なので選択は不要）。
2．［レイアウト］タブ→［ページ設定］グループ→［段組み］→［2 段］をクリックして、全体を 2 段組みにします。

「段組み」の設定

⇨ファイルが保存されているフォルダからファイルをダブルクリックしても開くことができます。

⇨［表示］タブ→［ナビゲーションウィンドウ］で見出しの設定が確認できます。

⇨新規にスタイルを作成するには［スタイル］ダイアログボックスで［新しいスタイル］から設定します。

⇨ページの全てを段組みする場合、「ページ設定」の［文字数と行数］タブでも設定できます。

⇨段組みのダイアログボックスでは、段の幅を設定したり段の間に境界線を引いたりできます。

⇨段組み設定された文書で、改段落の場所を変更するときは段組みの隣のアイコン［区切り］→［段区切り］をクリックします。

⇨細かい段組みの設定を行う場合は、「段組みの詳細設定」から行います。

ヒント
リスト番号に矛盾が
生じた場合は、その
リスト番号や段落を
右クリックして表示
されるメニューから
［自動的に番号を振
る］や［番号を振り
直す］などを選択
し、番号を修正しま
す。

■ リストの設定

アウトラインでレベル1や2に設定した見出しとなる行（文字列）に
リスト番号を設定します。

図 7-1-3　リスト番号の設定

■ 文字の検索と置き換え

本文中の「、」を全角の「，」に置き換えます。

■ 文字書式の設定とスタイル

タイトルや本文など、文章構成に応じて文字（フォント）の種類や大
きさ、文字飾りなどの書式を設定します。

また、文字数が多い文書において文字書式の設定を効率よく行うため
に、スタイルの作成と適用を利用します。

ヒント
文書全体のスタイル
設定をまとめて進め
ていく場合などに
は、「スタイル」ウ
ィンドウを表示さ
せ、その中のスタイ
ル名をクリックして
選択を行うと効率よ
くスタイル設定が行
えます。

図 7-1-4　スタイルの適用

図 7-1-5　スタイルウィンドウ

▣ リストの設定

1．操作しやすいように、［見出し1］［見出し2］の設定箇所のみ表示
　　されるように、それぞれ階層を折りたたみます。

2．「はじめに」から「おわりに」まで行単位で選択します。

3．［ホーム］タブ→［段落］グループ→［アウトライン］ボタンをク
　　リックします。

4．「リストライブラリ」から右上の「1. 1.1. 1.1.1・・・」を選択します。

⇨一箇所ずつの設定
もできますが、番号
が思うように設定さ
れないこともあるの
で、まとめて設定し
ます。

「リスト」設定

⇨階層構造になって
いないリストに、段
落記号（リストマー
クとも呼びます）・
段落番号を設定する
には、［ホーム］タ
ブ→［段落］グルー
プの［箇条書き］や
［段落番号］を設定
します。

▣ 文字や文字列の検索と置き換え

・文字等の検索は［ホーム］タブ→［編集］グループ→［検索］→「ナ
　ビゲーション」ウィンドウで検索文字列を入力します。

・文字等の置き換えは［ホーム］タブ→［編集］グル
　ープ→［置換］→［検索と置換］ダイアログボック
　スで検索する文字列（ここでは「、」と置換後の文
　字列（「,」）を入力して置き換えます。

［編集］からの
検索と置き換え

⇨キーボードから
[Ctrl]+[F]を入力して
も検索が行えます。

⇨既定の設定では、
改行するたびに自動
的に「箇条書き」「段
落番号」が設定され
ます。

▣ ヘッダーとフッター

1．［挿入］タブ→［ヘッダーフッター］グループ→［ヘッダー］→［ヘッ
　　ダーの編集］をクリックします。

⇨「新しいリスト ス
タイルの定義」から
マークや色・大きさ
などの設定変更が可
能です。

［挿入］タブからの「ヘッダー」と「フッター」の設定

⇨ヘッダーフッター
領域と本文とは、ダ
ブルクリックでも移
動できます。

■ ヘッダーとフッター

　文書上部の空いたスペースに複数のページ（初期設定では全てのページ）に共通で表示される文字列を入力します。このような文字列が表示された部分を「ヘッダー」と呼びます。

図 7-1-6　ヘッダー入力例

　一方、文書下部の空いたスペースに同じく複数のページに共通で表示される部分を「フッター」と呼びます。フッターには一般にページ番号などを設定します。

■ ページ番号の設定

　フッターにページ番号を設定して表示させます。

図 7-1-7　フッターに設定されたページ番号の例

■ 名前を付けて保存

　ひとまず、ここまでの作業内容を文書ファイルとして「**名前を付けて保存**」しておきます。

ファイル名（例）「プロジェクト提案書」

7-2　図表の挿入

　提案の根拠となる情報をグラフや説明図、表の形で付け加え、ひと目でみて提案内容を理解してもらえることを目指した構成にしていきましょう。

2．本文領域が薄い表示になり、ヘッダー領域にカーソルが表示されます。

3．テキスト通りに入力します。

4．［ヘッダーとフッター］タブ→［ヘッダーとフッター］グループ→［ページ番号］→［ページの下部］→［番号のみ 2］をクリックします。

⇨ページ番号は、カーソルが本文内にある場合（本文入力の状態）［挿入］タブから入力します。

［ヘッダーとフッター］タブからの「ページ番号」の設定

※ヘッダーとフッターの詳細な設定は、表紙設定後に再度行います。

操作 7-2 図表の挿入

■ グラフの挿入

第 6 章で作成した Excel ファイルから、グラフをコピーして Word に貼り付けます。グラフの貼り付けの形式には大きく分けて、①**グラフの内容や書式を個別にあとから変更可能**な貼り付け、②**1 個の図として扱う**貼り付け、の 2 種類があります。ここでは②の図としての形式でグラフを貼り付けます。

⇨元の書式と変えて図を貼り付ける場合は「形式を選択して貼り付け」を選択・設定して貼り付けます。

1．Excel のワークシートから、Word の文書に貼り付けたいグラフをクリックして選択し、**コピー**します。

⇨コピーの方法
・🗐 をクリック
・右クリック
・Ctrl + C

2．Word の文書を開き、グラフを貼り付けたい位置をクリックしてカーソルを置き、そこで一行改行します。

3．グラフのレイアウトを変えないように「図」として貼り付けます。［ホーム］タブ→［クリップボード］グループ→［貼り付け］→［図］として貼り付けアイコン 🖼 をクリックします。

⇨グラフの幅や位置は、見やすさに配慮して、できるだけ段組みの文字列幅に合わせて配置するようにしましょう。

4．貼り付けられた図のハンドルをドラッグして図の大きさを調整します。

⇨図の貼り付けに際しては「**文字列の折り返し**」を「**行内**」に設定します。「**行内**」では図は一つの文字として扱われます。図を任意の位置に配置する場合は「**四角**」「**前面**」等を選択します。

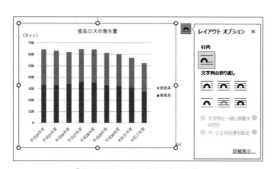

「文字列の折り返し」設定

▣ グラフの挿入（コピー&貼り付け）

「第 6 章 情報の整理と分析」の「6-3 グラフでの表現」で作成した Excel ファイル「食品ロス発生量推移.xlsx」のワークシート「食品ロス発生量」から積み上げ棒グラフ「食品ロスの発生量」およびワークシート「食品廃棄物に占める食品ロス発生量内訳の推移」から折れ線グラフ「食品廃棄物に占める食品ロス発生量内訳の推移」をコピーして提案書文書内に貼り付けます。その際、グラフの様式が崩れないようにします。（図 7-2-1、7-2-2、図 7-3-6「提案書本文ページの完成例」参照）

図 7-2-1　積み上げ棒グラフの貼り付け　　　図 7-2-2　折れ線グラフの貼り付け

▣ 図の挿入（ファイルから）

のちほど、7-3「レポートの完成」においてイラストをファイルから文書内の表紙のページに挿入します。

▣ 図番号の設定

コピー&貼り付けで挿入したグラフに図番号と図タイトルを設定します。図番号の位置は図の下側で統一します。（図 7-2-1、7-2-2、図 7-3-6 参照）

▣ 表の作成

文書内にプロジェクトの進捗予定をまとめた表を作成します。表の作成は大きく分けて Excel など他のソフトウェアで作成したものをコピーして貼り付ける方法と Word の作表機能を利用して作成する 2 つの方法があります。

本書では Word の作表機能を用いて表を作成します。

■図の挿入（オリジナル画像）

1．図を貼り付けたい位置を改行して1行空け、そこをクリックして
　　カーソルを表示させます。

2．［挿入］タブ→［図］グループ→［画像］→［このデバイス］をク
　　リックします。

3．「図の挿入」ダイアログボックスで、保存してある場所と、画像ファ
　　イルを指定して、［挿入］をクリックします。

⇨あらかじめファイルとして用意した画像を挿入する方法です。表紙にも同じ図を挿入します。
フォルダから直接ファイルをドラッグ＆ドロップでコピーする方法でも挿入できます。

■図の挿入（オンライン画像）

1．図を貼り付けたい位置を改行して1行空け、そこをクリックして
　　カーソルを表示させます。

2．［挿入］タブ→［図］グループ→［画像］→［オンライン画像］を
　　クリックします。

3．「オンライン画像」ダイアログボックスで、キーワードを入力して
　　検索し、画像をクリックして［挿入］をクリックします。

⇨画像は複数選択して一度にコピー＆貼り付けできます。

⇨画像挿入後はグラフの時と同様に文字列の折り返しや移動、サイズ変更などの設定を行います。

■図番号の設定

1．「図番号」を設定したい図を選択します。

2．［参考資料］タブ→［図表］グループ→［図表番号の挿入］を選択
　　します。

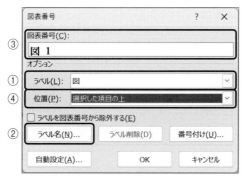

「図表番号」の設定画面

3．「図表番号」ダイアログボックスの①「ラベル」で「図」を選択し
　　ます。

4．ラベルの選択項目に「Figure」などしかないために「図」のラベル
　　が選択できない場合、②「ラベル名」から新たに入力して選択項目を
　　作成します。

⇨図表番号は、学術論文の場合、表では上部、図では下部に置くことが多いですが、いずれの場合も必ず執筆要項にしたがって記述します。

図 7-2-3　表の作成

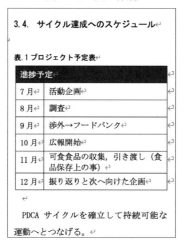

3. 4.　サイクル達成へのスケジュール

表.1 プロジェクト予定表

進捗予定	
7 月	活動企画
8 月	調査
9 月	渉外→フードバンク
10 月	広報開始
11 月	可食食品の収集，引き渡し（食品保存上の事）
12 月	振り返りと次へ向けた企画

PDCA サイクルを確立して持続可能な運動へとつなげる。

■ 表番号の設定

作成した表に表番号と表タイトルを設定します。表番号の位置は図の上側で統一します。（図 7-2-3、図 7-3-6 参照）

7-3　レポートの完成

表紙や目次、注などを付け加えてレポート（提案書）を完成させます。

■ 脚注の設定

文書中の文言へ説明を付加したい場合に脚注を設定します。一般に脚注は初出の箇所に設定します。「1.4.　ライフスタイルの見直し」中の「食品ロス」、「3.4. サイクル達成へのスケジュール」中の「PDCA サイクル」について自分で調べた内容を要約し、脚注として設定してみましょう。（図 7-3-1、図 7-3-6 参照）

図 7-3-1　脚注の設定例

PDCA[2]サイクルを確立して持続可能な運動へとつなげる

時にはサイクルからかけ離れた提案であっても効果的なことであるならば思い切って採用したい。また，行き詰まった場合は積極的に他者の助けを得ることも心がける。このようなトライ・アンド・エラーの精神を保ちながら失敗を恐れず

[2] PDCA サイクル：Plan・Do・Check・Action の 4 段階で逐次活動を改善する業務管理手法。

ヒント
本文中に付加された脚注番号とページ下の脚注は「ハイパーリンク」によって相互に関連づけられています。

5．一番上の枠③「図 1」のうしろをクリックして、カーソルを表示させ、続けて「.」と空白を入力してから、図タイトルを入力します。

6．④「位置」を「選択した項目の上」を確認し、OK をクリックします。

■表の挿入

1．表を作る位置にカーソルを置きます。

2．［挿入］タブ→［表］グループ→［表の追加］を選択します。

3．縦横 8 個ずつのマス目部分において、オレンジ色の選択部分が「表（7 行×2 列）」になったところでクリックします。

4．表が配置されるので、左上のセルから進捗予定の内容を入力します。

進捗予定	
7 月	活動企画
8 月	調査
9 月	渉外→フードバンク
10 月	広報開始
11 月	可食食品の収集，引き渡し（食品保存上の事）
12 月	振り返りと次へ向けた企画

⇨ Excel と異なり、セル内で Enter キーを押すと、改行してセルの高さが伸長します。↓ キーを押すことで下のセルにカーソルが移動します。

■表の編集

1．表の 1 行目を選択し、［表ツール：レイアウト］タブ→［セルの結合］をクリックします。

2．引き続き［表ツール：デザイン］タブ→［塗りつぶし］で任意の色を選択します。

3．文字色を変更する場合は［ホーム］タブで行います。

4．1 列目と 2 列目の境界線にマウスポインタを置き、そこからドラッグして縦罫線を移動してセルを幅を調整します。

5．2 行目以降のセルの高さを調整します。

6．全てのセルの文字列の位置を「中央揃え（左）」に設定します。

⇨表中の文章の行間が広い場合は、「段落」ダイアログボックスを開き、「1 ページの行数を指定時に文字を行グリッド線に合わせる」のチェックを外して［OK］をクリックします。

⇨表に関することは全て［表ツール］タブで行いますが、文字書式・段落書式は「ホーム」タブで行います。

■表番号の設定

1．「表番号」を設定したい表の中にカーソルを置きます。

2．［参考資料］タブ→［図表］グループ→［図表番号の挿入］を選択します。

3．図と同様に、タイトル等を設定します。

⇨表番号の位置は「選択した項目の上」に設定します。

■ セクション区切りで表紙ページの挿入

　提案書の表紙を作成します。表紙は本文とは異なり、段組を1段としたりページ番号を省いたりなどして専用のレイアウトに設定しなおします。本文とレイアウトを大きく変更するためには、本文ページの冒頭箇所に「**セクション区切り**」を挿入しておきます。セクション区切りが挿入されると、［ヘッダーの編集］の状態でセクション番号が表示されます。（図7-3-2）

図7-3-2　セクションが挿入されたヘッダーの例

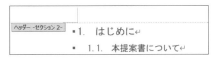

■ ヘッダーとフッターの「前と同じ」設定の解除

　本文ページのヘッダー文字列情報を残したまま、表紙ページヘッダーのみ文字列情報を削除します。そこで、本文ページのヘッダーと表紙ページのレイアウトを変えるため、［**前と同じヘッダー/フッター**］設定を解除しておきます。

図7-3-3　前と同じヘッダー/フッター表示の解除例

　フッターもヘッダー同様に「**前と同じ**」設定となっています。ヘッダーとフッターのレイアウトを変えるためにそれぞれにおける「前と同じ」設定を解除しておきます。

　以上の設定を行ったうえで、表紙ページのみヘッダーの文字列情報とフッターのページ番号を削除します。

■ ページ番号の修正

　本文ページのページ番号が1から始まるように修正します。（図7-3-6参照）

■ 表紙ページへの図の挿入

　表紙ページにイメージイラストを挿入します。（図7-3-4参照）

重要ポイント
表紙ページを挿入しただけの場合、表紙ページにページ番号「1」が表示され、本文冒頭ページのページ番号は「2」になります。

■ 表周りの図形・テキストボックス挿入

1．［挿入］タブ→［図］グループ→［図形］から「矢印下カーブ」を選択します。

2．画面上の何もないあたりでドラッグして描きます。

3．図形が選択されている状態で「PDCA サイクル」と入力します。
　※初期設定では文字色が白の設定なので、入力した文字は見えません。

4．図形を選択した状態で、［ホーム］タブで文字色を黒にし、MS ゴシック、7.5pt に設定します。

5．図形のハンドルを斜めにドラッグして左右に90 度回転させます。（p.100 の図 7-3-6 参照）

6．回転した図形は Ctrl キーを押しながらドラッグしてコピーし、それぞれを適切な位置に配置します。

⇨テキストボックスでなくても、図形の中には文字を入力できます。
文字色が白の設定なので、適宜変更します。

⇨図形を描く時や回転するとき、Shift キーを押しながら行うと、それぞれ縦横比率を維持した大きさ変更や、15 度ごとの回転になります。

操作 7-3 レポートの完成

■ 脚注の設定

1．脚注をつけたい文字列の最後の文字のあとをクリックしてカーソルを表示させます。ここでは「食品ロス」の「ス」の後ろです。

2．［参考資料］タブ→［脚注］グループ→［脚注の挿入］を選択します。

3．そのページの下部に、自動的に脚注入力エリアが自動作成され、数字のあとにカーソルが表示されます。

⇨脚注をつける文字列はドラッグしても選択できます。

⇨脚注には、文末脚注という最後のページにまとめて脚注を記載する方法もあります。

脚注を入力するエリア

4．脚注の内容を入力します。

⇨本文のスペースの下部に脚注が置かれます。

■目次の作成

表紙ページに目次を作成します。（図 7-3-4 参照）

図 7-3-4　提案書表紙の完成例

🔑 キーワード
推敲

■文章の推敲とレイアウトの確認

何度か文章内容を見直して、必要に応じて修正しましょう。また、レイアウトについても乱れや図や表の不揃い、見づらい箇所等があれば修正します。

■文書の印刷

文書ファイルをメールに添付して送信したり共有フォルダや Web サイトからダウンロードさせたり、さらには Bluetooth 等を介して直接端末どうしで送受信するなど、文書の共有にはさまざまな方法があります。

🔑 キーワード
Nearby Share
AirDrop
Peer to Peer（P2P）
Bluetooth

図 7-3-5　印刷の設定

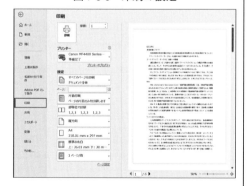

配布や提出、保管などの目的で文書を用紙に印刷することも一般的です。目的に適した文書の共有方法を用いるようにしましょう。

✏️ 重要ポイント
印刷を行う前に、用紙や使用するプリンタなどをページ設定や印刷の設定で確認しておきましょう。

■ セクション区切りで表紙ページの挿入

1．作成中の文書の行頭にカーソルを置きます。

2．［レイアウト］タブ→［ページ設定］グループ→［区切り］を選択します。

3．［セクション区切り］の中の［次のページから開始］をクリックします。

⇨セクションを区切ると、別セクションでそれぞれのページ設定が行えます。

■ ページ番号の修正

1．表紙のページは、ヘッダーとフッターに情報がない設定にします。1ページのヘッダー領域をダブルクリックしてカーソルを置きます。

2．［ヘッダーとフッター］タブ→［オプション］グループの［先頭ページのみ別指定］のチェックボックスをクリックして、チェックを入れます。

⇨段組み設定も解除して（1段）おきましょう。

⇨セクション区切りを挿入したうえで「前と同じ」設定を解除しておくことでも、ヘッダーフッターの情報を表紙のみ削除することもできます。

■ 表紙ページの作成 1（入力）

1．1ページの1行目をクリックしてカーソルを表示させます。

2．日付を入力します。「令和5年」と入力すると、自動的に当日の日付が入力できるヒントが表示されるので、Enter キーを押して確定します。発信日に変更します。

3．1行空けてタイトルを入力します。

4．1行空けて発信者を入力します。

5．1行空けて、本文に挿入した図を挿入し、サイズだけ整えておきます。

6．1行空けて「目次」と入力し、改行しておきます。

⇨文頭のカーソルは表示されないこともあります。

⇨日付の自動入力機能を用いずに日付入力する場合や変更する場合は、数字は半角で統一します。

⇨図の大きさを小さくし、目次が入るスペースを確保します。

■ 表紙ページの作成 2（編集）

1．1ページの1行目の日付の箇所をクリックしてカーソルを表示させ、右揃えボタンをクリックします。

2．3行目のタイトルを行単位で選択し、文字書式を「MS ゴシック」「12pt」に変更し、中央揃えをクリックします。

3．5行目の発信者にカーソルをおき、右揃えボタンをクリックします。

4．図を選択し、中央揃えをクリックします。

5．「目次」を行単位で選択し、文字書式を「MS ゴシック」「12pt」に変更します。

6．図の大きさを再度調整します。

※下部に1ページの3分の1程度のスペースを確保しておきます。

⇨段落書式の選択は、その段落内の認意の箇所をクリックしてカーソルを表示させるだけで指定できます。

⇨図の文字列の折り返しが「行内」なので、文字1字と同じ扱いです。

⇨組み込みの目次を使用した場合、アウトラインレベルが正しく設定されていない場合などに、本文や図などの項目が目次として表示されることがあります。

■ 目次の作成

1．「目次」の下の行にカーソルをおきます。

目次作成プルダウンメニュー

⇨目次を作成したあとに本文の内容を変更した場合、**更新**を行うと、目次の内容やページ番号が更新されます。

2．［**参考資料**］タブ→［**目次**］グループ→［**目次**］→［**ユーザー設定の目次**］をクリックします。

3．［**目次**］ダイアログボックスで、アウトラインレベルを「1」にして［OK］をクリックします。

4．1ページに収まらない場合は、表紙の図の大きさを小さくします。

■ 文章の推敲とレイアウトの確認

⇨［校閲］タブ→［言語］グループ→［表記ゆれチェック］で、同じような言葉で微妙な表現違いをチェックすることができます。ただし、推敲の際に自分の目でチェックするようにしましょう。

1．文章中の広い範囲で入れ替えたい言葉がある場合、「**置換**」機能を使用します。［**ホーム**］タブ→［**編集**］グループ→［**置換**］で、上枠に訂正文字を、下枠に訂正後文字列を入力し、［**置換**］または確認なしでよければ［**すべてを置換**］をクリックします。

2．ページ設定や、文字書式・段落書式・スタイルの見直しをします。

3．グラフや図の大きさも調整し、ページのズレなどを修正します。

4．ページ数が変更になった場合は、［**参考資料**］タブ→［**目次**］グループ→［**目次の更新**］でページ数を更新します。

■ 文書の印刷

⇨［保存］（上書き保存）は、きりの良いところでたびたび行うようにしましょう。キーボードから[Ctrl]＋[S]でも保存ができます。

1．［**ファイル**］タブ→［**印刷**］で、「印刷プレビュー」画面を表示させます。

2．プレビューを確認して［**印刷**］ボタンをクリックします。

■ 上書き保存

図 7-3-6　提案書本文ページの完成例①

同友学園地域貢献プロジェクト「フードドライブ・サークル」提案書　　　同友学園有志

1.　はじめに

1.1.　**本提案書について**

　本提案書は同友学園の学生による地域食品資源循環のための社会貢献プロジェクト「フードドライブ・サークル」の活動に向けて提案するものである。

1.2.　**「フードドライブ・サークル」活動への動機**

　過日近隣のコンビニを訪れた際，店頭で「フードドライブ」という標記の見慣れぬ箱を目にした。そして，その中には未使用の食品がいくつか入れられていた。それを見て，その箱一っは体何の目的で誰のために置かれているのかが気になった。

　そこで「フードドライブ」という言葉について検索サイトなどで調べてみた。そこには「作る責任」「使う責任」さらには SDGs 等といった言葉も記されており，それらについて調べていくうちに私たちにも何かできることはないか，と考えるようになっていった。

1.3.　SDGs

　SDGs（Sustainable Development Goals：持続可能な開発目標）とは，「持続可能な開発のための 2030 アジェンダ」の中で人類や地球の存続や発展を目指して掲げられた「国際的な目標」のことである。この目標は 2015 年開催の「国連持続可能な開発サミット」において全会一致で採択されている。目標の内容としては 17 のゴール・169 のターゲットから構成されており，2030 年までの達成を目指している。各加盟国はこの目標に基づいたさまざまな施策や経済活動を行うようになった。

　SDGs の 12 番目の目標では「作る責任」「使う責任」という 2 つの観点から述べられている。「作る」とは生産者側，「使う」とは私たち消費者側の観点であり，生産者と消費者の双方が並行して資源を循環できるシステムを持続可能な姿で形成していくことを目指している。

1.4.　**ライフスタイルの見直し**

　この資源循環をフードドライブのフード，つまり食品にあてはめると，食品廃棄物すなわち「フードロス＝食品ロス」をできるだけ削減し，余った食品を無駄にせず有効利用できるように，できるだけ食品資源を循環させるということになる。そのためにはライフスタイル自体の見直しも必要になってくる。

　ライフスタイルの見直しというと一見難しいように思えるが，例えば，スーパーやコンビニで衝動買いした菓子類やレトルト等の食品が，そのまま手付かずになっていることは少なくない。そのような場合に「このまま捨ててしまうこと，

---

[1] 食品ロス：可食にもかかわらず食品を捨ててしまっていること。またはその食品のこと。

1

97

図7-3-6 提案書本文ページの完成例②

同友学園地域貢献プロジェクト「フードドライブ・サークル」提案書　　同友学園有志

すなわちフードロスにならないように，また無駄な食品を出さないようにするにはどうすれば良いか」と考え，さらに実際に行動することなどもライフスタイルを見直すことになるのではなかろうか。そのように考えた結果として，本プロジェクト「フードドライブ・サークル」の構想へとつながっていった。

2. 食品ロスから食品循環へ

2.1. 食品ロス量

日本全体での食品ロス（フードロス）の量，およびその中に占める事業系と家庭系食品ロスの量，それに対する事業系食品と家庭系食品リサイクル量について政府が行なった調査結果が公開されている。それによると，家庭系も事業系も食品ロスは年を追うごとに減少の傾向にあるが，家庭系の食品ロスは前者に比べてやや小幅な減少となっている。（図1）

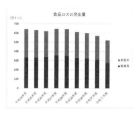

図 1. 事業系食品ロス量と家庭系食品ロス量の比較（リサイクル量含む）
出典：「我が国の食品ロスの発生量の推計値（令和2年度）の公表について」（環境省）

2.2. 家庭での食品ロス

それでは，実際に各家庭においてどれくらいの食品ロスが発生しているのであろうか。

農林水産省によると世帯食における1人1日当たりの食品ロス量は**42.2g**であった。これを世帯員構成別にみると，「単身世帯」が58.2gと最も多く，次いで「2人世帯」が57.0g，「高齢者がいる3人以上世帯」が40.6g，「高齢者がいない3人以上世帯」が35.8gという調査結果が示されている。（農林水産省, 2008）＜「平成19年度食品ロス統計調査（世帯調査）結果の概要」農林水産省, 2008）＞

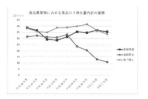

図 2. 家庭系食品ロス発生量内訳の推移
出典：「令和3年度食品廃棄物等の発生抑制及び再生利用の促進の取組に係る実態調査」（環境省）

上記のように1人1日の量はわずかに思えるが，これに1年365日，さらに本学学生の数を乗ずると，本学だけでも1年で何十トンという相当な量になる。また図2より直接廃棄が多いことがわかる。

2

図 7-3-6　提案書本文ページの完成例③

同友学園地域貢献プロジェクト「フードドライブ・サークル」提案書　　　同友学園有志

3.　私たちによる食品循環「フードドライブ・サークル」プロジェクト

3.1.　プロジェクトの目的

まずは身近な食品ロスについてお互いに気づき合い，そこを食品ロス解消への具体的な行動への動機とする。

さらに素朴な気持ちである「もったいない」から「助け合い」という具体的な行動へと昇華させることにより，家庭などの個を中心とした行動から地域ぐるみの持続可能な食品資源サイクルへと導いていくことを目指す。

そのために，「フードドライブ」という形態の食品資源循環方式を採用し，それを持続的に運営できる仕組みや組織として構築する。しかしあくまでも「気軽なサークル活動」をイメージさせながら組織化を進め，できるだけ多くの人が関わりやすいように配慮しながら，その一方で「真面目に」運営する。

図 3.　家庭を中心としたフードドライブによる食品資源循環イメージ

フードドライブとは，家庭などにおいて未消費で保管されていて消費期限まで1ヶ月以上残っているような可食食品を一度「フードバンク」と呼ばれる組織または場所に集め，そこから消費期限切れになって廃棄される前に未消費食品を必要としている人たちへ届ける活動である。

他の食品資源循環としては「フードシェアリング・サービス」というフードロス対策事業などもあるが，それらは主に企業中心の活動であるため，本案では扱わない。

3.2.　プロジェクトの対象

次のステップを段階的に踏みながら，対象を拡大していく。

① 本学学生一部有志
② 本学学生全体
③ 本学を中心とした地域住民
④ さらに活動に共感してくれる人々へ
⑤ フードドライブ回収食品は被災者
　※生活困窮者，福祉施設などへ（こちらも範囲を徐々に拡大。）

3.3.　運営方針

活動自体を持続可能にするためにも，まずはスモールスタートとしたい。形態および組織は機敏な活動が行えるように配慮し，以下のような1~3名の構成員からなる少人数のチームを複数立ち上げる。各チームは互いに連携しながらもそれぞれの判断でトライアンドエラーと学習を繰り返しつつ活動する。

3

ヒント

関連する文章が複数ページにまたがっていて見づらい、または同一ページにまとめた方が見やすい場合などには、適宜「改ページ」を挿入するなどして、見やすいレイアウトとなる工夫をしましょう。

図 7-3-6　提案書本文ページの完成例④

同友学園地域貢献プロジェクト「フードドライブ・サークル」提案書　　　同友学園有志

【組織（案）】
① プロジェクトリーダー
② 調査チーム
③ 渉外チーム
④ 広報チーム
⑤ 食品収集チーム

※その他，活動についての大学の許可を得るためにも本学教員に顧問としての関与を依頼し，必要に応じて指導を求めることとする。

3.4.　サイクル達成へのスケジュール

表.1 プロジェクト予定表

進捗予定	
7 月	活動企画
8 月	調査
9 月	渉外→フードバンク
10 月	広報開始
11 月	可食食品の収集，引き渡し（食品保存上の事）
12 月	振り返りと次へ向けた企画

PDCA[2]サイクルを確立して持続可能な運動へとつなげる

時にはサイクルからかけ離れた提案であっても効果的なことであるならば思い切って採用したい。また，行き詰まった場合は積極的に他者の助けを得ることも心がける。このようなトライ・アンド・エラーの精神を保ちながら失敗を恐れず

---

[2] PDCA サイクル：Plan・Do・Check・Action の 4 段階で逐次活動を改善する業務管理手法。

にのぞみたい。

以下の各項目については，組織を立ち上げたのちに内容や方法を検討する。

3.5.　循環食品提供元

食品の提供元については，収集する食品についての細やかな周知や注意喚起などが必要となるため，初めは主に本学学生を提供者とする。また，その裏付けとなる学生の食品ロスに関する状況を調査する。
① 自宅学生のフードロス状況（アンケートおよび聞き取り調査）
② 下宿学生のフードロス状況（アンケートおよび聞き取り調査）
③ アンケート結果をまとめる（統計分析を含む）

3.6.　循環食品提供先

食品の提供先については，収集した食品を必要とする人たちや施設へ食品を衛生的かつ安全に管理しながら引き渡さなければならないため，まずは本学近辺のフードバンクとする。学費を自身で賄っている生活困窮学生などについては支援の一環から，希望学生への提供も今後教員と相談しながら検討する。また，次の活動も併せて行う。
① 市内フードバンクの状況調査
② フードバンクとの打ち合わせ

4

図 7-3-6　提案書本文ページの完成例⑤

同友学園地域貢献プロジェクト「フードドライブ・サークル」提案書　　　同友学園有志

3.7.　食品の回収について

フードバンクとの打ち合わせにおいては，食品提供に関する下記の項目について検討する。

① 回収および提供
② 可能食品と消費期限
③ 提供者の記録
④ 個人情報保護への配慮
⑤ 提供場所と日時・期間
⑥ 回収食品の保管場所・方法

なお，回収食品は現時点で公開されている「フードドライブ実施の手引き」（環境省，2022）を基にルールを設け，以下の条件をすべて満たすものとする。

・常温保存可能
・未開封かつ包装が破損していない
・賞味期限まで 40 日以上（引き渡し時点で 1 ヶ月以上）
・商品説明が日本語表記

3.8.　広報活動

まずは本学学生に対して広く活動を周知するとともに，フードロスとフードドライブに関する啓蒙のために広報を行う。その際，フードバンクと連携して行うかについても協議する。

① 活動の周知と啓蒙の方法
② 媒体
③ 告知期間

3.9.　回収食品の引き渡し

① 引き渡し日時
② 引き渡し方法

4.　おわりに

　本提案の最も重要な目的は，私たちの気づきを通して，さらに周りの人へとその気づきを波及させていくことにある。そして，その気づきを行動に移し，持続的な活動へとつなげていくために必要な方法を策定した。

　組織づくりと地域のフードバンクとの連携という大きな枠組みをまずはサークル化し，そこからより具体的な行動方針へと落とし込んでいく予定である。まだまだ気づきの足りない部分や経験の少なさから来る不備も多いとは思われるが，臆することなくトライ・アンド・エラーの精神で実現に向けて有志一同一致団結して進めていきたい。

5

図 7-3-6　提案書本文ページの完成例⑥

同友学園地域貢献プロジェクト「フードドライブ・サークル」提案書　　　同友学園有志

参考文献・引用文献

1. 環境省「我が国の食品ロスの発生量の推計値（令和2年度）の公表について」環境省, 2020, https://www.env.go.jp/press/111157.html,（参照 2023-5-12）

2. 農林水産省「平成19年度食品ロス統計調査(世帯調査)結果の概要」農林水産省, 2008, https://www.maff.go.jp/j/study/syoku_loss/02/pdf/ref_data3.pdf,（参照 2023-5-12）

3. 環境省「令和3年度食品廃棄物等の発生抑制及び再生利用の促進の取組に係る実態調査報告書」環境省, 2022, https://www.env.go.jp/content/000062142.pdf,（参照 2023-5-12）

4. 環境省「フードドライブ実施の手引き」環境省, 2022, https://www.env.go.jp/content/900518625.pdf,（参照 2023-5-19）

5. 国民生活センター「フードドライブと食品ロス削減」, 国民生活センター, 2022, https://www.kokusen.go.jp/wko/pdf/wko-202210_04.pdf,（参照 2023-5-19）

6

第 **8** 章

プレゼンテーション

　この章では、これまで作成してきた提案書の内容をほかの人たちに直接話しかけることで理解してもらう手段について考えます。

　一般にそのような手段をプレゼンテーションと呼びます。

　プレゼンテーションの目的は、学生では論文発表、社会人では営業や企画といった商品やプロジェクトの説明などさまざまですが、本章ではおもに研究発表や企画提案を主題とした発表資料の作成と利用について学びます。

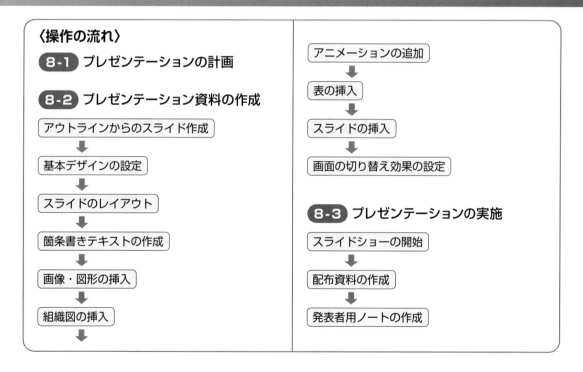

〈操作の流れ〉

8-1 プレゼンテーションの計画

8-2 プレゼンテーション資料の作成

アウトラインからのスライド作成
↓
基本デザインの設定
↓
スライドのレイアウト
↓
箇条書きテキストの作成
↓
画像・図形の挿入
↓
組織図の挿入
↓

アニメーションの追加
↓
表の挿入
↓
スライドの挿入
↓
画面の切り替え効果の設定

8-3 プレゼンテーションの実施

スライドショーの開始
↓
配布資料の作成
↓
発表者用ノートの作成

プレゼンテーションを行ったり準備をしたりする前に、まずはプレゼンテーションの全体的な構成について考えてみましょう。

■発表内容の構成

まず、プレゼンテーションでは、内容を構成するポイントとして、5W1H を明確になどといわれることがあります。ここでは特に、「Why」「How」「What」の3つ、つまり、まず「なぜそうしなければならないのか」という問題提起を行って共感を呼び覚まし、そのうえで「どのような方法で」「何をするのか」という順序で具体的な提案を行い、さらには協力者を募るというストーリーを設定しておくことにします。

また、論文や企画書、提案書などと同様、結論やテーマを終わりの方だけではなく、初めの方でも述べて全体を通してプレゼンテーションの内容が理解できるように全体を構成しておきましょう。

■プレゼンテーションでのルールに配慮した発表資料の作成

発表資料として、本章では PowerPoint を用いたスライド作成を行います。

ところで、プレゼンテーションにおいては「**与えられた時間内で必ず終わる**」ことが最も重要なルールです。中身がいくら良くても時間超過では0点です。

発表時間と自分の話すペースを基準に、発表スライドの枚数を算出します。

ここでは10分の発表時間を想定して発表資料の構成を行います。

ゆっくり説明しても少し余るぐらいの発表時間を念頭に考えます。また、スライド1枚での説明時間は最低でも1分、説明内容によっては2〜3分以上かかる場合もあるでしょう。したがって、ここでは10分の発表時間であれば多くともスライド数は10枚、できれば7〜8枚を目安に発表資料を構成します。

本章では、実際に PowerPoint の資料作成を行う前に、発表内容のアウトラインを作成してからスライドの作成にとりかかります。

8-2 プレゼンテーション資料の作成

以下の手順で PowerPoint を使用して発表資料を作成していきましょう。

キーワード
5W：Who、When、Where、What、Why

1H：How

ヒント
最後の参考文献や謝辞など、特に説明を要しないスライドは全体の枚数に含める必要はありません。

■ PowerPoint の起動

PowerPoint を起動して、「プレゼンテーション」ファイルを新規に作成します。

■ アウトラインを開いて発表資料の元になるスライドを作成

Word であらかじめ発表内容のアウトラインを作成して保存したファイルを開きます。

図 8-2-1　アウトラインから作成されたスライドの例

■ 名前を付けて保存

ひとまず、プレゼンテーションファイルを保存しておきます。

■ 基本デザインの設定

デザインの［テーマ］ギャラリーから任意のテーマを選択するなどして、スライドの基本となるデザインを設定します。

まず全体のテーマとなるデザインを選択したうえで、タイトルスライドと説明用スライドの各スライドでデザインを選択して設定します。

図 8-2-2　テーマギャラリー

図 8-2-3　スライドサイズの設定

PowerPoint の
アイコン

🔅 ヒント
先に起動して新規ファイルを開いた場合、［ファイル］→［開く］から［すべてのアウトライン］を選択して開きます。

🔅 ヒント
各スライドを異なるデザインやテーマにすることも可能ですが、全体のイメージを統一することを心がけましょう。

操作 8-1 PowerPoint の操作

Wordでアウトライン設定されたファイルを開いてスライドの設定をする

1．PowerPoint のスタート画面で［開く］を選択し、下記の手順であらかじめ Word で作成したアウトラインを開きます。①「その他の場所」から［参照］をクリック②開いた「ファイルを開く」ダイアログボックスでファイルの保存場所を開く③ファイル名欄右側のプルダウンメニューで「すべてのファイル」または「すべてのアウトライン」を選択④「提案書プロジェクト発表資料アウトライン.docx」を選択して［開く］ボタンをクリック。以上でアウトライントピックの「レベル1」が各スライドのタイトル、「レベル2」が各箇条書きの文章となったスライドが開きます。

2．［デザイン］タブ→［テーマ］グループから任意のデザインを選択します。

3．［デザイン］タブ→［ユーザー設定］グループ→［スライドのサイズ］→［標準（4：3）］をクリックしてスライドのサイズを設定します。

4．サムネイルペインで1枚目のスライドを選択→［ホーム］タブ→［スライド］グループ→［スライドのレイアウト］→［タイトルスライド］を選択。

5．発表タイトルや発表者名などをプレースホルダーに入力します。

各プレースホルダーの書式設定

1．各スライドの書式設定をまとめて行う場合や共通の画像や図形などを入れる場合は、まず［表示］タブ→［マスター表示］グループ→［スライドマスター］でマスター表示にしたうえで、設定を行います。

2．「サムネイルペイン」で一番上の階層の「スライドマスター」に切り替え、各プレースホルダーの枠線をクリックして選択し、書式を変更します。すべてのスライドに共通する文字設定などはここで行います。

3．［スライドマスター］タブ→［マスター表示を閉じる］で標準表示に戻ります。

4．各スライドやスライド内の部分ごとに文字書式を変更したい場合は、プレースホルダーを選択したうえで、スタイルを変更したい文字列を選択し、［ホーム］タブ→［フォント］グループの項目から設定したい文字のフォントやサイズ、スタイル等の書式を設定します。

⇨新規作成画面でタイトルスライドの入力後、［ホーム］→［新しいスライド］→［アウトラインからスライド］で、タイトル作成後のアウトラインからのスライド追加も可能です。

⇨選択したテーマのデザインによって、文字の位置やフォントなども変わります。

⇨大きく表示された範囲がスライドペイン、左の箇所はサムネイルペインで、編集するスライドを切り替えるにはこのサムネイルを選択します。

⇨スライドのレイアウト等を初期状態に戻したい場合、［ホーム］タブ→［スライド］グループ［リセット］をクリックします。

⇨入力するテキストボックスを「プレースホルダー」といいます。
中の文字列を全部選択する場合は、枠線をクリックして実線の表示にします。

⇨表示の切り替えは、画面右下のステータスバーのアイコンを選択しても行えます。

ライドにグラフや写真・イラストなどの画像を挿入します。

画像を挿入したあとに見やすさを考慮しながら、図の大きさや位置、配置（前後関係など）、透明度などの設定を行います。（図 8-3-3 参照）

■ 図形の挿入

説明図の部分的な強調など、必要に応じて説明図に図形を挿入します。図形の中に文字を追加することもできます。（図 8-3-3 参照）

■ 組織図の挿入

［図］グループの［SmartArt］から［階層構造］の中の一つを選択して、組織図の元になる図を挿入します。

図 8-2-6　階層構造から作成した組織図

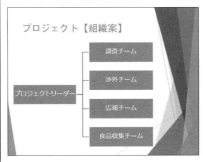

図 8-2-7　アニメーションの追加設定

ヒント
アニメーションを表示する「開始のタイミング」を利用して、スライドショーの途中で画面をクリックしたときに図が表示されるようにしたり、スライドが表示されると同時にアニメーションが始まるように設定したりすることができます。

■ アニメーションの追加

図形やテキストにアニメーションを追加して動きのある表示にすることができます。また、アニメーションの動きに移動の方向や速さなどといった効果、さらにはアニメーションを表示するタイミング等を設定することができます。

■ 表の挿入

スライド内に表を挿入します。表の挿入は Word と同様に、Excel などで作成した表をコピーして貼り付けたり、PowerPoint に備わった「表の挿入」で表を作成したりして行います

図 8-2-8　作成した表の例

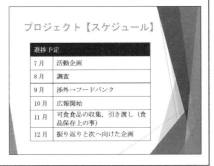

■ テキストの追加と箇条書きの設定

1．テキストを追加します。

　　箇条書きのレベル設定は、Word と同様、以下のとおりです。

　　・Enter キーで改行すると、同列レベルの段落が追加される

　　・レベルを下げる（子の設定）にはキーボードの Tab キー、レベルを上げるには Shift + Tab キーのキーボードショートカットが使用可能

　　・同じ段落内で改行するには、Shift + Enter キー

2．リストマークを変更する場合は、変更したい文章のプレースホルダーを選択し、[ホーム] → [箇条書き] や [段落番号] で変更します。

3．プレースホルダーの大きさ・位置を調整します。

■ 図や表の挿入

　図や表をすでにテキストの入ったスライドに挿入する方法は、Word と同様です。（プレゼンテーション資料の完成例：図 8-3-3、スライド 3・4）

　図や表をコンテンツとしてそのままコピー＆貼り付けを行う場合は、あらかじめプレースホルダーを選択してから貼り付けます。（スライド 7）

　図や表だけをコンテンツとする場合は、「タイトルとコンテンツ」レイアウトに変更します。（スライド 6）

1．サムネイルペインでスライド 6 を選択し、[ホーム] タブ→ [スライド] グループ→ [スライドのレイアウト] → [タイトルとコンテンツ] に変更します。

2．コンテンツ部分にあるアイコンの中から「SmartArt グラフィックスの挿入」をクリックします。

3．[階層構造] カテゴリ→「複数レベル対応の横方向階層」を選択します。

4．左側に表示されたテキストウィンドウに以下のように入力します。

　　↓ キーで最下段のチーム名の項目を選択し、最後の行で改行してさらに項目を追加します。

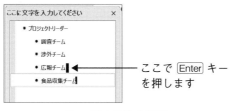

ここで Enter キーを押します

SmartArt の入力画面

⇨PowerPoint の箇条書きのレベル上げ下げは [ホーム] タブ→ [段落] グループの [インデントを増やす] [インデントを減らす] でも行えます。

⇨「タイトルとコンテンツ」レイアウトは、通常、「新規作成」で作成した際の 2 枚目以降のスライドのレイアウトです。

⇨あらかじめ箇条書きに設定されている文章を [ホーム] → [段落] → [SmartArt グラフィックスに変換] を選択して、SmartArt グラフィックスにすることもできます。（PowerPoint のみの機能）

⇨SmartArt グラフィックスの文字入力や図形の選択はテキストウィンドウで行えるので、表示を消さないようにします。

⇨SmartArt グラフィックス全体の選択は、エリア内の図形を含まない部分をクリックします。

◾ スライドの挿入

　最後のスライドの前にさらにスライドを挿入します。スライドの「サムネイル ウィンドウ」から8番目のスライドを選択して「新しいスライド」を挿入します。

　挿入された新しいスライドには「参考文献・引用文献」のリストを作成します。（図8-3-3参照）

◾ 画面の切り替え効果の設定

　次のスライドを表示する際の効果として「画面切り替え」を設定します。切り替わる効果はスライドが開くときに表れます。

　切り替え効果はスライドごとに設定したり複数のスライドを一度に設定したりできますが、効果の多用や必要以上に派手な効果は見る人にわずらわしく感じさせることがあるため、最低限の使用に留めたほうが無難です。

◾ スライド一覧の表示

　すべてのスライドを展開して一覧表示できます。スライド一覧では、スライドの「サムネイル ウィンドウ」と同様、スライドのサムネイルのドラッグ＆ドロップでスライドの表示順序を変更できます。（図8-3-3参照）

8-3 プレゼンテーションの実施

　プレゼンテーションファイルを開いて、プレゼンテーションを開始します。

◾ スライドショーの開始

　［スライドショー］タブをクリックして表示されるリボンの中の［スライドの開始］グループや［設定］グループの中の項目を使用してプレゼンテーションとともにスライドを表示させます。

◾ 配布資料の作成

　一般に「ハンズアウト」と呼ぶ配布資料をスライドから印刷して作成できます。

⚙ ヒント
1枚の用紙に印刷するスライドの枚数を指定することができます。

5．SmartArt の全体を選択し、［レイアウト］グループ→［水平方向
の組織図］を選択して表示方法を変更します。

■画面切り替え・アニメーションの追加

1．［画面切り替え］タブで適宜選択します。

2．［画面切り替え］タブ→［タイミング］グループ→「すべてに適用」
をクリックします。

3．パーツをそれぞれ選択し、適宜［アニメーション］タブでアニメー
ションの効果を設定します。

⇨画面切り替え効果はスライドそれぞれに付けることができますが、統一した切り替えにするには［すべてに適用］を選択します。

操作　8-2　スライドショーほか

■スライドショーの操作

スライドショーの操作は次のとおりです。

開始	ステータスバーの 🖵 をクリックする
次のスライドへ	Enter キー
前のスライドへ戻る	BackSpace キー
途中でやめる	ESC キー

⇨［スライドショー］タブからスライドショーを開始できますが、キーボードから F5 キーを押して最初のスライドから直ちにスライドショーを開始することもできます。

■スライドや配布資料の印刷

1．［ファイル］タブ→「印刷」で、印刷する内容や仕様などを設定します。

⇨「ノートペイン」は、ステータスバーの 🖴ノート をクリックなどして表示させます。

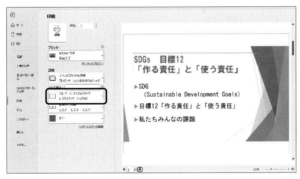

印刷プレビュー

⇨「発表者ツール」はプロジェクタとパソコンの2画面表示でのスライドショー実行時に表示されるパソコン側の画面のことです。次のスライドが前もって確認できるほか、ノートの表示、時間経過等も表示されます。発表の際に参照するようにします。

■発表者用ノート

ノートペインで入力をすると、スライドと併せてノートの印刷もできます。発表者ツールでは、発表中にパソコンの画面でも確認できます。

図 8-3-1　スライドの印刷

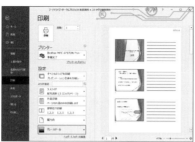

図 8-3-2　スライドへのノートの入力

■ 発表者用ノートの作成

　プレゼンテーションを行う際の発言内容や補足事項などをスライドごとに記入します。

図 8-3-3　プレゼンテーション資料の完成例（スライド一覧）①

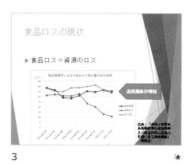

図 8-3-3　プレゼンテーション資料の完成例（スライド一覧）②

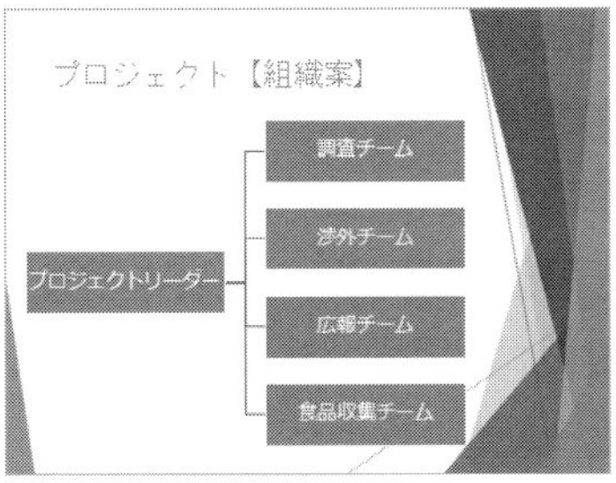

6

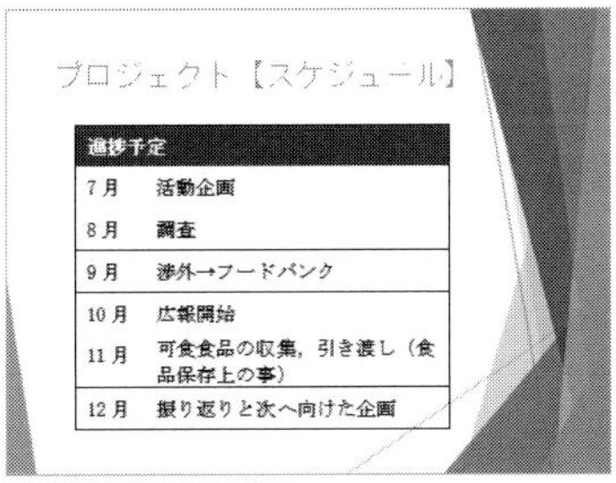

7

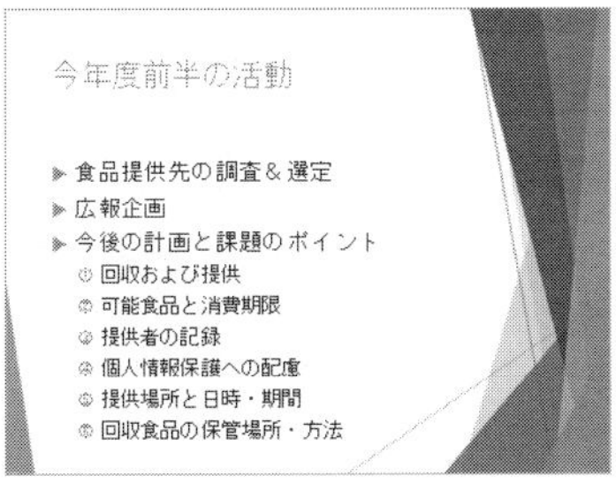

8

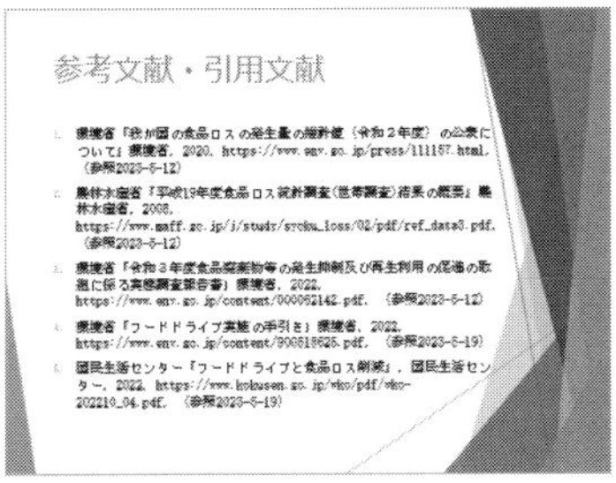

9

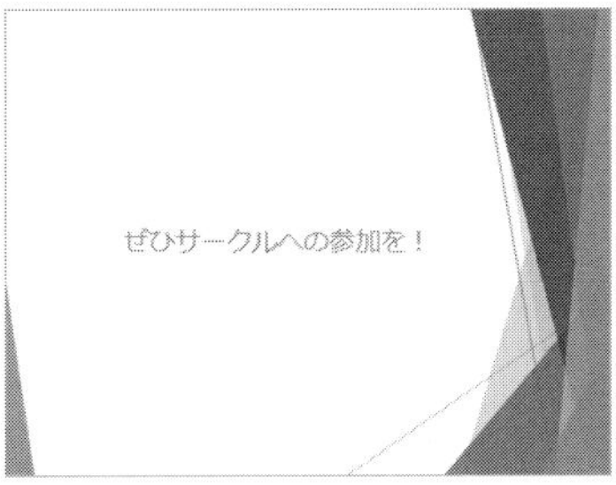

10

コラム：プレゼンテーションのポイント ①

　どのように伝えれば、相手に自分の主張を理解してもらえ、さらに共感や賛同が得られるのでしょうか。そのような結果を目指した説得力のあるプレゼンテーションを行うための資料作成と発表のポイントについて考えてみます。

【視覚に訴える資料作成を】

　スライドは誰にでもひと目で理解できるよう、シンプルなレイアウトにしましょう。基本的には、1スライドにタイトルやキーワードと1イメージ（グラフ・表・画像等）とし、できるだけ明解なメッセージとして伝わるようにします。逆に文字が多い画面は読むことに集中してしまい、情報量とは逆にメッセージ性は低下してしまいます。

　グラフや表も同様に、主張したいポイントを矢印や枠で強調したり、要所を拡大したりして、シンプルかつわかりやすく提示するようにしましょう。

　会場のプロジェクタなどを介して資料を提示するのが一般的ですが、パソコンのディスプレイで見るより視認性に劣ることがあり、会場の広さによってはかなり遠くから見る人もいるため、書体はできれば太めのゴシック体を使ったり大きめの書体を使ったりするようにします。背景色との対比によっても文字の見やすさは変わってきます。

　※テーマにそぐわない書体（POP書体など）の使用は控えましょう。

　資料の作成もプレゼンテーション全体の流れありきです。主張内容を明確にするために、あらかじめアウトラインやフローチャートを作成して主張したい「トピック」（話題、ことがら）とそれに割り当てる発表時間を整理することで、提示資料（スライド）の構成も自ずから明らかになってきます。

コラム：プレゼンテーションのポイント ②

【プレゼンテーションもコミュニケーション】

　話し手1人が多数の人に語りかけることが多いプレゼンテーションですが、語りかけるということについては、1対1のコミュニケーションと大きな違いはありません。したがって、相手の立場に立って丁寧に話すのが基本であることも同様です。

　緊張や時間を気にすることから話すスピードは速くなりがちなので、意識的にゆっくりと話すように心がけましょう。また、パソコンの操作に気を取られたり、下を見て原稿を読んだりしていては、伝えたいことも伝わりません。全体に対して話していながらも、アイコンタクトを通して一人一人に訴えかける意識が大切です。

　専門用語なども、ときには分かりやすい言葉に置き換え、知識や興味のない人にも話を理解してもらえるように努めましょう。

　自己紹介や背景説明に時間をかけすぎたり結論が最後まで示されなかったりすると、何が言いたいのかわからないまま受け手は話を聞くことになります。できるだけ最初の方で結論（テーマ）を明確に示し、最後にも結論でまとめるようなサンドイッチ構造にして話を展開するようにしましょう。

【重要事項】

　決められた制限時間内に必ずプレゼンテーションを終了しましょう。終了を知らせるベルが鳴ってもさらに話し続ける話者は、それだけで顰蹙（ひんしゅく）をかってしまいます。

　友人や同僚などを相手に何度もリハーサルを行うことで、プレゼンテーションの質を高めていくことが可能です。時間を確認するためにも、リハーサルは行うようにしましょう。さらに、質疑応答はテーマの共有と理解や信頼度を高めるためには重要です。どんな質問が発せられても対応できるように、準備の段階で想定問答を準備しておくことも有用です。

【監修者略歴】

淺間 正通 （あさま まさみち）

静岡大学名誉教授・早稲田大学講師。現在、（日本学術会議協力学術研究団体）異文化間情報連携学会会長。上越教育大学大学院修了。カリフォルニア州立大学チコ校国際研究センター客員研究員（1995-1996）。静岡市社会教育活性化推進委員（2004-2005）。日本学術振興会科学研究費委員会専門委員（第2段合議審査委員 2012）。近年、情報科学技術と人との共生に関わる原稿を積極的に発信し、代表記事に、特集記事〈デジタル時代が後押しする「アナログ復権」〉「問われるのはデジタルとアナログを鷹揚に協調させるコラボ力」一般社団法人日本経営協会『OMNI-MANAGEMENT』6月号（2016）、編著書に『デジタル・AI時代の暮らし力』（南雲堂, 2020）ほかがある。また、2003年に静岡新聞に連載していた「海外こころの旅日記」の続編として『世界を歩く君たちへ』（遊行社, 2011）を刊行するなど、海外への旅の造詣も深い。

【編著者略歴】

前野 博 （まえの ひろし）

至学館大学健康科学部教授。大阪音楽大学卒、神戸大学大学院修了。編著書に『PBLスタイル 情報リテラシーテキスト』『実践情報リテラシー 基礎から応用まで』（以上、同友館）。監修・著書に文部科学省検定済教科書高等学校商業科用『情報処理』（東京法令出版）。著書に『音楽Macの作り方』『ビデオMacの作り方』『よく効く電子メールのトラブルシューティング』『あなたの知らないPowerBook活用のキモ』『モバイルGPSハンドブック』（以上、毎日コミュニケーションズ）、『Macintoshユーザ検定試験対策テキスト』（メディアファクトリー）ほか、論文、雑誌連載等多数。

山下 巖 （やました いわお）

順天堂大学保健看護学部特任教授。東京外国語大学外国語学部卒業。英国バーミンガム大学大学院修士課程修了。共編著に『デジタル時代のアナログ力』（学術出版会）、『グローバル時代のコアベクトル』（遊行社）等がある。ウェブ空間を活用したフィンランドの大学とのCOILによる看護英語学習モデルの構築を手掛けている。専門はCALL。

中村 彩子 （なかむら さいこ）

至学館大学、愛知工業大学非常勤講師。名古屋市立大学大学院博士後期課程満期退学。芸術工学修士。防災士。その他、専門学校等でCGも教える。マイクロソフト公式トレーナー、CG-ARTS協会認定講師として、企業向け講習や園児からシニアまで、幅広い層の指導を行う。また、自らアーティストやデザイナーとして、各種メディアのコンテンツ制作にも携わっている。

中嶋 隆裕 （なかじま たかひろ）

至学館大学非常勤講師。グラフィックデザイナー。

2023 年 5 月 30 日　第 1 刷発行　　〈検印省略〉

アカデミックスキルが学べる
情報リテラシーテキスト

Ⓒ監修者　　　　　淺　間　正　通
　発行者　　　　　脇　坂　康　弘

　発行所　　　　株式会社　同　友　館
東京都文京区本郷3-38-1
TEL：03(3813)3966　FAX：03(3818)2774
URL　https://www.doyukan.co.jp

乱丁・落丁はお取替えいたします。　印刷：三美印刷／製本：松村製本所
ISBN 978-4-496-05654-3　　　　　　　　　　Printed in Japan